Adolf Held

Grundriss für Vorlesungen über Nationalökonomie

Adolf Held

Grundriss für Vorlesungen über Nationalökonomie

ISBN/EAN: 9783743334786

Hergestellt in Europa, USA, Kanada, Australien, Japan

Cover: Foto ©ninafisch / pixelio.de

Manufactured and distributed by brebook publishing software
(www.brebook.com)

Adolf Held

Grundriss für Vorlesungen über Nationalökonomie

Vorrede zur ersten Auflage.

Das gesammte Gebiet der ökonomischen Wissenschaften wurde in Deutschland von jeher in mehrere Theildisciplinen zerlegt, unter denen die Finanzwissenschaft als eine specielle Nutzanwendung ökonomischer und staatsrechtlicher Lehrsätze auf die Wirthschaft des Staats unbestritten noch heute allgemein als besonderes Fach behandelt wird. Den übrigen Stoff theilte man früher in Volkswirthschaftslehre und Volkswirthschaftspolitik, später mehr in allgemeine und specielle, oder in theoretische und praktische Nationalökonomie ein.

An hiesiger Universität hat es sich gegenüber den durchschnittlichen Bedürfnissen der Studenten als praktisch erwiesen, eine Vorlesung über Nationalökonomie kurzweg zu halten. Neben dieser als Hauptcolleg lesen die Docenten des Fachs verschiedene Publika über Statistik, einzelne Theile der praktischen Nationalökonomie und Verwaltungslehre etc., ferner Privatcollegien über Finanzwissenschaft, Politik und Geschichte der socialen Bewegungen. Die genannte Hauptvorlesung, welcher der folgende Grundriss dienen soll, umfasst zunächst Dasjenige was allgemein in der sogenannten allgemeinen und theoretischen Nationalökonomie gelehrt wird, zieht aber Vieles aus der praktischen und speciellen Nationalökonomie mit herein.

Dazu veranlasst mich nicht nur die Schwierigkeit, eine besondere Vorlesung über das letztere Fach zu halten, sondern auch der Umstand, dass nach dem gegenwärtigen Stand der Wissenschaft die praktischen Fragen gegenüber den abstracten Begriffsbestimmungen immer mehr in den Vordergrund treten.

Meiner Auffassung nach würde es heute rationell sein, den gesammten Stoff der ökonomischen Wissenschaften zu zerlegen in:
1) Geschichte der wirthschaftlichen resp. socialen Bewegungen,
2) Wirthschaftliche Verwaltungslehre, welche die wirthschaftliche Gesetzgebung der gegenwärtigen Culturländer vergleichend und kritisch darstellt,
3) Finanzwissenschaft (als besonderer Theil von 2),
4) Statistik als Neben- und Hilfsfach.

Zu diesen Fächern würde dann die (allgemeine) Nationalökonomie, welche die Grundbegriffe und eine Uebersicht über den Zusammenhang der wirthschaftlichen Fragen enthalten müsste, die Stellung einer encyclopädischen Einleitung, ähnlich wie die allgemeine Staatslehre zu den eigentlich staatsrechtlichen Fächern einnehmen können. Sie würde aber völlig aufhören müssen, ein Gebäude von Lehrsätzen zu sein, aus dem die Entscheidung aller praktischen Fragen von selbst erfolgt, das als Hauptfach bei der studirenden Jugend positive Kenntnisse über Thatsachen und specielle Studien zu ersetzen berufen ist.

Seit wir das Naturrecht des vorigen Jahrhunderts als Basis unserer Wissenschaft aufgegeben, den Glauben an allzeit und unbedingt gültige wirthschaftliche Naturgesetze verloren und die Anschauung, dass der Staat in der wirthschaftlichen Welt möglichst zu ignoriren sei, verlassen haben — seitdem ist es nicht mehr möglich, eine (allgemeine und theoretische) Nationalökonomie als ein nicht nur einleitendes sondern zugleich grundlegendes Fach zu behandeln in dem Sinne, dass neben ihr der Wirthschaftspolizei und Finanz etc. nur die Besprechung einzelner Anwendungen der allgemeinen Gesetze und einzelner Abweichungen von denselben übrig bliebe.

So lange aber an eine Vervielfältigung der Haupt-Collegien in der angedeuteten Weise nicht zu denken ist, suche ich in der von den meisten Studenten gehörten „Nationalökonomie" von dem Inhalt der genannten anderen Fächer im Anschluss an die einführende Behandlung der Grundbegriffe so Viel zu behandeln als möglich, um wenigstens einen Anreiz zu weiteren Studien und eine Vorstellung von Dem zu geben, worauf es heute in der wirthschaftlichen Welt ankommt.

Der Grundriss enthält in möglichster Kürze und Einfachheit unter Weglassung vieler alten Distinctionen und steter Rücksicht auf den Einfluss des Rechtsystems die nöthigen orientirenden Begriffsbestimmungen und deutet den übrigen Inhalt der Vorlesung durch Bezeichnung der einzelnen Materien in kleinem Druck an. Selbstverständlich ist der Umfang der einzelnen Paragraphen des Grundrisses kein genaues Mass für die Zeit, welche in der Vorlesung den einzelnen Materien gewidmet wird. Literaturangaben sind wegen des nothwendigen Wechsels in diesem Punkt von Jahr zu Jahr nicht eingefügt. Den Studenten gegenüber sind sie dem mündlichen Vortrag vorbehalten — der Fachkenner wird überall leicht erkennen, welchen Vorgängern sich der Verfasser anschliesst und in wie weit er selbstständig ist. Der Grundriss soll den Studenten das Verständniss der Vorlesung erleichtern, Dictiren und allzu langsames Sprechen entbehrlich machen — und zugleich den Kennern des Fachs ein Bild davon geben, auf welche Weise ein Docent der Nationalökonomie an einer Preussischen Universität versucht, den Examensvorschriften d. h. den gewöhnlichen Bedürfnissen der Studenten und den heutigen Anforderungen der Wissenschaft gleichzeitig gerecht zu werden.

Bonn, Februar 1876.

A. Held.

Vorrede zur zweiten Auflage.

Die erste Auflage dieses Grundrisses war „als Manuscript gedruckt" worden. Bei der zweiten Auflage lasse ich diesen Zusatz auf dem Titel weg, weil trotz desselben stark die Hälfte der Exemplare der ersten Auflage ausserhalb Bonn's verkauft und der Grundriss sogar in ausländischen Zeitschriften besprochen wurde.

Den Grundriss zu einem allgemein brauchbaren Leitfaden umzuarbeiten fehlte mir die nöthige Zeit, da ich vorerst grössere historische Arbeiten, mit denen ich seit Jahren beschäftigt bin, vollenden möchte. Der Grundriss bleibt was er in der ersten Auflage war, ein Hülfsmittel für meine Zuhörer, und mag ausserdem für Fachgenossen Interesse haben. Auch der Umfang der Schrift ist nicht stark erweitert. Die materiellen Aenderungen beziehen sich, abgesehen von vielen durch die neuere Literatur gebotenen Zusätzen, zumeist darauf, dass ich die Definitionen an manchen Punkten noch schärfer und einfacher zu fassen suchte. Unter Anderem ist der Gegensatz, der bei den Begriffen Gesammt- und Privat-Vermögen, Gesammt- und Privat-Kapital, Gesammt- und Privat-Einkommen immer in analoger Weise wiederkehrt, nun auch bei den Begriffen Gut und Waare, Gebrauchs- und Tausch-Werth consequent durchgeführt*).

Der Grundriss ist eine Arbeit, welche ich ausschliesslich zu Ehren meiner akademischen Lehrthätigkeit unternommen habe und mein Hauptstreben dabei war, die wesentlichen Lehrsätze dem heutigen Stande der Wissenschaft entsprechend und so zu formuliren, dass sie ein in sich geschlossenes innerlich völlig harmoni-Lehrgebäude darstellen.

Bonn, Juni 1878.

A. Held.

---

*) S. dazu meinen Aufsatz in Hildebrands Jahrbüchern 1876: „Ueber einige neuere Versuche zur Revision der Grundbegriffe der Nationalökonomie."

I. Abschnitt.

Einleitung.

§ 1. Bedürfniss ist das Gefühl eines Mangels zugleich mit dem Wunsche, diesen Mangel zu beseitigen.

Die Bedürfnisse sowohl des einzelnen Menschen als der Menschheit sind unbeschränkter Ausdehnung fähig. Die Bedürfnisse der Menschen aufzuzählen ist unmöglich, man kann sie nur nach verschiedenen Gesichtspunkten in Gruppen eintheilen z. B. nach der Dringlichkeit oder nach dem Masse des durchschnittlichen Aufwandes, der zu ihrer Befriedigung gemacht wird.

Letztere Eintheilung kann nur auf Grundlage einer Statistik der Consumtion gemacht werden, welche sehr unvollkommen ist, aber doch mit Sicherheit ergiebt, dass bei der grossen Mehrzahl der Menschen die Befriedigung des Nahrungsbedürfnisses die Hälfte aller verfügbaren Mittel oder mehr in Anspruch nimmt.

Die Eintheilung der Bedürfnisse in gewisse und ungewisse, gegenwärtige und zukünftige führt auf Besprechung des Versicherungswesens (s. III, § 17). — Individuelle und Collectivbedürfnisse — Wichtigkeit der letzteren.

Die beständige Zunahme der Bedürfnisse beruht theilweise auf dem Triebe der Menschen, in ihrem äusseren Erscheinen es Anderen gleich zu thun oder unter denselben hervorzuragen.

Diese Zunahme tritt stets im Geleite des Culturfortschritts auf und ist an und für sich weder bei den höheren noch bei den niederen Ständen schädlich, wenn nicht
1) unsittliche Bedürfnisse sich einstellen,
2) die Bedürfnisse zu plötzlich und unvermittelt wachsen,
3) die rein materiellen Bedürfnisse einseitig wachsen,
4) das Wachsen der Bedürfnisse mit abnehmender Lust und Kraft zur Arbeit Hand in Hand geht,
5) die Bedürfnisse nur durch Verschwendung befriedigt werden können.

Einfluss allzu hastiger Bedürfnissempfindung auf Qualität und Schönheit der Waaren. — Mode. — Die „Pleonexie" der Neuzeit. — Begriff des Luxus.

§ 2. **Güter** sind die Mittel zur Befriedigung menschlicher Bedürfnisse. Die Güter zerfallen in

Innere und äussere. Innere Güter sind dem Menschen seine eigenen unübertragbaren Kräfte und Eigenschaften. Aeussere Güter die vom Menschen beherrschten Theile der ihn umgebenden Welt.

Gegenseitige Abhängigkeit der inneren und äusseren Güter von einander.

Die äusseren Güter zerfallen wieder in

Freie und wirthschaftliche; erstere stehen dem Menschen ohne Anstrengung und Entgelt in beliebiger Menge zur Verfügung (Luft, Licht). Die freien Güter sind bedingt frei, wenn sie die Eigenschaft des freien Guts im Laufe der Zeit verlieren (Grund und Boden). Wirthschaftliche Güter sind begrenzte Theile des den Menschen umgebenden Stoffs, die durch bewusste menschliche That in eine Lage oder Gestalt gebracht sind, derzufolge sie zur Befriedigung menschlicher Bedürfnisse überhaupt oder in höherem Masse als vorher tauglich geworden sind. Da sie begrenzte Theile des äusseren Stoffs sind, so können sie von einzelnen Menschen ausschliesslich beherrscht und benutzt werden, d. h. sie sind die natürlichen Objecte individueller Vermögensrechte (s. unten § 5). Da sie durch bewusste menschliche That ihre massgebenden Eigenschaften erhalten, so kann man sagen, dass sie nie ohne Arbeit entstehen, wenn auch das gleiche Mass von Arbeit nicht nothwendig das gleiche Mass von Brauchbarkeit erzeugt, und wenn auch unter Umständen nur die unbedeutende Arbeit der Occupation geleistet worden ist. Aus den beiden in der Definition aufgeführten Merkmalen ergiebt sich, dass die wirthschaftlichen Güter vom Einzelnen (abgesehen von dem Fall rechtswidriger Aneignung) nur durch eigene Arbeit, oder durch Opfer und Entgelt, oder durch Geschenk erworben werden können.

Die Abnahme der (bedingt) freien Güter wird ersetzt durch die Zunahme der wirthschaftlichen Güter bei fortschreitender Cultur. Unthätigkeit nicht Bedingung menschlichen Glücks. Ueber den Begriff der sogenannten socialen freien Güter — ein Begriff, der sich sehr berechtigter Weise aufstellen lässt, der aber wenig Bedeutung hat, weil die betreffenden Erscheinungen besser unter anderem Gesichtspunkt, als dem des Gutes betrachtet werden. Es handelt sich um Erscheinungen, Zustände, Einrichtungen etc., die durchaus durch die That von einzelnen und von Gesammtheiten von Menschen entstehn, die aber nicht begrenzte Theile des uns umgebenden Stoffs sind, also nicht Gegenstand individueller Aneignung werden können. —

Unter Gütern kurzweg gewöhnlich nur die äusseren wirthschaftlichen Güter verstanden.

Die wirthschaftlichen Güter sind entweder **Sachgüter** oder persönliche **Dienstleistungen**. Sachgüter sind dauernde Gestaltungen des den Menschen umgebenden Stoffs, persönliche Dienstleistungen nur vorübergehende Beeinflussungen dieses Stoffs durch menschliche Handlungen, die in demselben Momente genossen werden müssen, in welchem sie stattfinden. Sachgüter sind der ausschliessliche Gegenstand des Eigenthumsrechts (s. § 5).

Wichtigkeit der höheren und niederen Dienstleistungen. (Sachliche) Dienstleistungen, deren einziger Zweck die Herstellung oder Verbesserung eines Sachguts ist, das Demjenigen, dem der Dienst geleistet wird, zufällt, sind neben ihrem eigenen Erfolge d. h. dem Sachgut keine selbstständigen Güter. — Die sogenannten Verhältnisse mit den Dienstleistungen als immaterielle Güter zu bezeichnen, beruht auf einer Verwechslung von Rechten und Gegenständen der Rechte (s. § 5). — Andere mehr juristische Eintheilungen der Güter.

Jedes Gut hat Brauchbarkeit oder **Gebrauchswerth** d. h, es ist zur Befriedigung menschlicher Bedürfnisse tauglich.

Die Gesammtheit der in einem Zeitpunkt vorhandenen wirthschaftlichen Güter ist das Gesammtvermögen.

§ 3. **Wirthschaft** heisst die planmässige Thätigkeit des Menschen, die darauf gerichtet ist, sich wirthschaftliche Güter zu verschaffen.

Einzel- und Gesammtwirthschaften.
Physische und juristische Personen.
Subject der Wirthschaft = Rechtssubject = Person.

Wenn es sich bei der wirthschaftlichen Thätigkeit des Menschen auch zunächst um die Verfolgung von Interessen handelt, so ist doch auch die Wirthschaft ein Ausfluss des ganzen Menschen, der dabei nicht nur Interessen sondern zugleich Pflichten vor Augen haben muss. Das Princip der Wirthschaftlichkeit d. h. das Streben Güter mit möglichst wenig Opfer und Anstrengung zu erlangen, muss durch das Princip des Gemeinsinns eingeschränkt werden, demzufolge Jeder seinen Mitmenschen mindestens bereitwillig zugestehn soll, was er von ihnen verlangt. Auch der wirthschaftende Mensch muss sich bewusst bleiben, dass das Wesen des Menschen zerstört wird, wenn individueller Genuss als einziger oder letzter Zweck des menschlichen Lebens aufgefasst wird.

Egoismus und Gemeinsinn,
Interessen und Pflichten,
Recht und Moral,
Freiheit und Ordnung,
Kampf ums Dasein und Drang zu gegenseitiger Hülfe,
Individuelle und genossenschaftliche Wirthschaft.

Beweis, dass die Gebote des Rechts und der Moral nicht lediglich durch Furcht vor Strafe oder Erkenntniss des dauernden eigenen Interesses durchgesetzt werden können. — Freiwillige und erzwungene Anforderungen des Gemeinsinns. — Literaturgeschichtliches über die Lehre, dass der Egoismus in der Wirthschaft allein herrsche und herrschen solle. Einfluss der Staatslehre und Philosophie auf die Anschauungen über diese Frage. — Zusammenhang der Lehre vom ausschliesslich herrschenden Egoismus mit materialistischen Auffassungen über den Zweck des menschlichen Lebens. — Bemerkungen über die Definitionen des Begriffes Glück und Volkswohl. — Die Lehre von der berechtigten Alleinherrschaft des Egoismus bei vorwiegender Rücksicht auf die Fragen der Vertheilung (s. § 4) ganz unhaltbar. — Unmöglichkeit das Gebiet der Wirthschaft von anderen Gebieten menschlichen Seins vollständig und scharf zu trennen. — Das Streben nach wirthschaftlichen Gütern muss immer im Dienste höherer Zwecke stehn.

§ 4. Die Wirthschaftslehre ist diejenige Wissenschaft, welche zum Gegenstand hat die Beziehungen, die zwischen den Menschen aus ihrer wirthschaftlichen Thätigkeit hervorgehn (s. § 2 u. 3).

Erklärung der Worte: Politische Oekonomie, Nationalökonomie, Nationalökonomik, Volkswirthschaftslehre. Entstehungszeit dieser Namen. — Andere Definitionen unserer Wissenschaft und Kritik derselben. — Gegensatz zwischen Wirthschaft und Technik. — Wirthschaftslehre keine Naturwissenschaft, sondern eine der Disciplinen, die zu den Staats- und Gesellschaftswissenschaften gehören.

Es sind in dieser Wissenschaft 2 Hauptfragen zu beantworten:
1) Welche Einrichtungen und Handlungen der Menschen sichern ein möglichst grosses Gesammtproduct von verzehrbaren Gütern? — Fragen der Production.

2) Wie vertheilt sich dieses Gesammtproduct unter Einzelne, unter Stände und Nationen? — Fragen der Vertheilung.

Die allgemeine Wirthschaftslehre zerfällt daher naturgemäss in die Lehre von der Production und von der Vertheilung. Einen besonderen Abschnitt von der Consumtion anzuhängen ist unnöthig.

Die Consumtion ist nicht unwichtig und ohne Einfluss, ihre Bedeutung wird aber zweckmässiger Weise schon bei der Lehre von der Production und Vertheilung mit besprochen.

Dagegen ist es praktisch zweckmässig die Lehre vom Preise,

vom Geld und Credit als einen besonderen Abschnitt vom Verkehr einzufügen.

Gründe, weshalb es unnöthig ist, diese altmodische Eintheilung durch eine neue zu ersetzen. — Ueber Eintheilungen der Wirthschaftslehre in Unter-Disciplinen s. Vorrede zur ersten Auflage. — Ueber die Methoden der Forschung, die in der W.-L. zu befolgen. — Sogenannte deductive und inductive Methode — Abstracte und realistische Methode. Die sogenannte mathematische Methode sowie der Versuch absolut gültige Naturgesetze des wirthschaftlichen Lebens auf exactem Wege zu finden, verfehlt. — Historisch-statistische Methode — die gegenwärtige W.-L. strebt möglichst eingehend die Erscheinungen des wirthschaftlichen Lebens nach ihrem gegenwärtigen Bestand und ihrer historischen Entwicklung zu beobachten und zu erkennen, und dann erst ihren inneren Zusammenhang und ihre Gründe aufzusuchen. — Dennoch Unmöglichkeit einer ausschliesslichen Methode — Charakterisirung der üblichsten Lehrbücher.

§ 5. Die Vermögensrechte.

Der Mensch und seine Wirthschaft sind nur denkbar unter der Voraussetzung einer zusammen lebenden Gesammtheit von Menschen — Gesellschaft.

Eine Vielheit zusammenlebender Menschen bedarf einer staatlichen Ordnung. Der Staat und sein Recht sind so alt wie der Mensch selbst.

Ueber Begriff, Grund und Zweck des Staats. Der Staat unentbehrlich zur Regelung der materiellen Bedingungen des menschlichen Daseins und zugleich die unentbehrliche Einrichtung zur Verwirklichung der Herrschaft sittlicher Gesetze.

Sonach hängt die Fähigkeit des einzelnen Menschen, Güter zu gebrauchen und zu verbrauchen, nicht nur ab von seiner factischen Macht, sondern sie ist geregelt durch das vom Staat gegebene und aufrechterhaltene Vermögensrecht.

Der Fall rechtswidrigen Gütergebrauchs ist unwesentlich in einer systematischen Behandlung der wirthschaftlichen Erscheinungen. So lange nur die Beziehungen der Gesammtheit aller Menschen zur Gesammtheit aller Güter betrachtet werden, kann die Wirthschaftslehre das Vermögensrecht ignoriren; sie muss dasselbe nothwendig betrachten, sowie sie die Antheile einzelner Menschen an Gütern der Untersuchung unterwirft.

Der Antheil des einzelnen Menschen an der Gesammtheit der vorhandenen wirthschaftlichen Güter (Gesammtvermögen) oder sein Privat-Vermögen, d. h. seine wirthschaftliche Macht in einem gegebenen Moment ist gleich dem Inhalt der ihm zustehenden (subjectiven) Vermögensrechte.

Gegenstand von Vermögensrechten sind wirthschaftliche Güter. Der Inhalt von Vermögensrechten ist gleich der Summe der Befugnisse, die dem Berechtigten nach der Rechtsordnung gegenüber dem Gegenstande des Rechts im Gegensatz zu anderen Personen zustehn.

Grosser Einfluss des Rechts auf die Gestaltung der wirthschaftlichen Verhältnisse, je nachdem die einzelnen anerkannten Vermögensrechte definirt, die Bedingungen ihres Erwerbs und ihrer Uebertragung festgestellt sind. — Auch das öffentliche Recht ist von grossem indirectem Einfluss auf die wirthschaftlichen Verhältnisse, das Vermögensrecht aber, das die Tendenz hat, trotz des Wechsels politischer Einrichtungen eine grosse Constanz zu bewahren, beeinflusst diese direct. Die wirthschaftlichen Verhältnisse in ihrer Entwicklung drängen oft zu Umgestaltungen des Rechts, sind aber ihrerseits immer durch das vorhandene oder ältere Recht bedingt. — Wenn man von Uebertragung von Gütern spricht, so ist Uebertragung von Vermögensrechten an Gütern gemeint.

Das Vermögensrechtssystem eines Staats kann auf dem Princip beruhen, dass die Einzelnen nur wechselnde Benutzungsrechte an den wichtigsten Sachgütern haben, über welche juristische Personen von öffentlichem Character stets die letzte Verfügung sich vorbehalten — oder es kann auf dem Princip beruhen, dass alle einzelnen Sachgüter der möglichst ausschliesslichen und dauernden Herrschaft einzelner Individuen unterworfen sind. — System des Gesammt- und des Sondereigenthums.

Sehr wichtig ist der Unterschied ob das Vermögensrechtssystem den Menschen selbst als Vermögensobject anerkennt d. h. ob es eine persönliche Unfreiheit kennt oder nicht. Da letztere jetzt in allen Culturstaaten völlig aufgehoben ist, so braucht sich eine Theorie der Wirthschaftslehre nur mit solchen Vermögensrechtssystemen abzugeben, in denen alle Menschen Rechtssubjecte sind, kein Mensch Rechtsobject ist. Ebenso können die heute unwichtigen rechtlichen Unterschiede in dem Maasse der Rechts- resp. Erwerbsfähigkeit verschiedener Klassen von Menschen hier übergangen werden.

Das Vermögensrecht der gegenwärtigen Culturstaaten ist vorherrschend ein System des Sondereigenthums, wenn gleich die Idee des Gesammteigenthums noch in vielen theilweise ganz neuen Institutionen (öffentliche Strassen, Staatsbahnen) und in den Beschränkungen des Sondereigenthums lebendig ist (Expropriation).

Geschichtliches über Entwicklung des Sondereigenthums. Juristische Definitionen. Das Sondereigenthum ist auch heute keine „unumschränkte Herrschaft der Person über die Sache", sondern nur eine Herrschaft, die alle denkbaren Befugnisse umfasst, mit Ausnahme derjenigen, die durch irgend einen Rechtssatz dem Eigenthümer verwehrt sind. — Rechtlich geschützter Besitz im Gegensatz zu wirklichem Eigenthum; andere Behandlung dieses Gegensatzes in der Wirthschaftslehre als in der Rechtswissenschaft. Der Staat ist durchaus berechtigt, den Inhalt des Eigenthumsrechts im allgemeinen Interesse oder in Anbetracht veränderter sittlicher Anschauungen durch Gesetz zu modificiren, wobei im Falle nachweislicher Vermögensbeschädigung Einzelner Entschädigung eintreten kann resp. muss. Schon jetzt ist der Umfang des Sondereigenthums je nach dem Object verschieden (Wald, — Immobilien, — Mobilien).

Das Sondereigenthum lässt sich nicht auf die eigene Arbeit des Eigenthümers zurückführen. — Die Institution des Sondereigenthums (namentlich auch an Grund und Boden) entspricht aber der Natur des Menschen, sichert grösstmögliche Gütervermehrung und ist daher für alle absehbaren Zeiten unentbehrlich. Das Sondereigenthum in seiner jetzigen Ausbildung ist ein Product unserer gesammten Culturentwicklung und kann daher wohl im Einzelnen reformirt und auch eingeschränkt d. h. mit der gesammten Cultur weiter entwickelt werden, man kann aber das Sondereigenthum als herrschende Institution an sich nicht praktisch in Frage stellen, ohne die ganze Cultur in ihrem Bestande zu bedrohen. — Zusammenhang zwischen den Institutionen des Sondereigenthums und der monogamen Ehe.

Die anderen Vermögensrechte, nämlich die dinglichen Rechte an fremder Sache, die Forderungsrechte, das Erbrecht, die modernen Vermögensrechte als Autorrechte, Patente, Rechte auf Firmen etc. werden alle durch Vergleich mit Eigenthumsrecht an einem bekannten Sachgut geschätzt, und sie erklären sich ökonomisch, soweit sie sich auf Sachgüter beziehen, als abgetrennte Theile des Eigenthumsrechts oder als Aussichten auf künftigen Eigenthumserwerb. Sachgüter, die allgemeinem Gebrauch unterliegen, stehen nichtsdestoweniger formell im Sondereigenthum einer juristischen Person. So ist das Sondereigenthum der Eckstein des ganzen Vermögensrechts; es bezieht sich nur auf Sachgüter; ihm entspricht persönlichen Dienstleistungen gegenüber der berechtigte wirkliche exclusive Genuss der Dienstleistungen, der von dem Forderungsrecht auf die Dienstleistung zu unterscheiden ist. Bei sachlichen Dienstleistungen (s. § 2) fällt die wirkliche exclusive Verfügung über die Dienstleistung mit dem Eigenthumserwerb am Erfolg der Dienstleistung zusammen.

Das Wort „exclusiv" ist auch bei Dienstleistungen so zu verstehn, dass der Berechtigte verfügen resp. geniessen kann, soweit keine besonderen Rechtsbestimmungen dies beschränken. Das ausgeübte exclusive Recht auf eine Dienstleistung hat wegen seiner momentanen Dauer gegenüber dem Forderungsrecht auf die Dienstleistung keinen besonderen juristischen Namen. Es ist aber ökonomisch wichtig, weil es als Waare in den Verkehr tritt (s. III, § 2 u. IV, § 5).

Wer durch Vertrag einem Anderen die exclusive Verfügung über seine Dienstleistungen einräumt, begiebt sich in eine gewisse persönliche Abhängigkeit. So gewährt sowohl das Eigenthum an Sachgütern als das exclusive Verfügungsrecht über Dienstleistungen Herrschaft.

Der Inhalt eines individuellen Vermögensrechts, das von einer Person auf die andere übertragen werden kann, heisst Waare. Da die Nichtübertragbarkeit eines Vermögensrechts nur eine specielle in der Natur des individuellen Vermögensrechts an sich nicht begründete Ausnahme ist, so kann man sagen: Unter einem Rechtssystem des Sondereigenthums besteht jedes Privatvermögen aus Waaren, während das Gesammtvermögen aus Gütern besteht.

Wichtig sind die Bedingungen, unter denen ein Vermögensrecht von einer Person erworben werden kann oder bei ihr anerkannt wird: Occupation, Specification, Verjährung, Vererbung, freier Vertrag etc.

Unser Recht gestattet die Erwerbung und Uebertragung von Vermögensrechten durch freien Vertrag auf Grundlage der durch historische Entwicklung gewordenen Vertheilung der gegenwärtigen wirthschaftlichen Güter. Die Verträge sind aber theilweise an bestimmte Formen gebunden, theilweise unerlaubt; auch erfolgt in gewissen Fällen Uebertragung von Vermögensrechten durch staatlichen Zwang ohne freien Vertrag. Auch diese Ausnahmen des freien Vertragrechts sind gleich den Beschränkungen der Herrschaft des Eigenthümers von grossem Einfluss auf die Gestaltung der wirthschaftlichen Verhältnisse. Die Frage, in welchem Maasse diese Ausnahmen und Beschränkungen stattfinden sollen, ist heute die wichtigste Frage der Weiterbildung des Rechts im Interesse des socialen Fortschritts.

Die gegenseitigen Uebertragungen von Vermögensrechten (durch Verträge) machen das Wesen der sogenannten Verkehrserscheinungen, der Erwerb neuer Vermögensrechte im Laufe der Zeit durch den Einzelnen macht das Wesen der Erscheinungen der Vertheilung aus, die Production und Consumtion werden nach dem Inhalt der in Betracht kommenden Vermögensrechte an den Gegenständen der Production und Consumtion ihrem Werthe nach geschätzt (s. III, § 2).

Die Institution des Sondereigenthums und das freie Vertragsrecht beruhen auf dem concreten Rechte des Staats und können nicht ohne Weiteres als selbstverständliches Naturrecht vorausgesetzt werden. Beide können nicht ohne (wechselnde) Schranken existiren. Die Ursachen und Wirkungen des bestehenden Vermögensrechts lehrt die Wirthschaftslehre erkennen. — Zusammenhang zwischen Staat und Gesellschaft.

§ 6. Die Bevölkerungslehre.

Die Menschen können nicht ohne Verbrauch von Gütern leben, die wirthschaftlichen Güter entstehen durch Arbeit von Menschen. Da aber die natürlichen Stoffe, an denen sich die Arbeit der Menschen bethätigen kann, nicht in unbeschränkter Menge gegeben sind, so ist eine unbeschränkte Vermehrung der Menschen weder wünschenswerth noch möglich.

Darstellung der Lehre von Malthus, seinen Vorgängern, Nachfolgern und Gegnern.

In der Lehre von Malthus ist die grosse Wahrheit enthalten, dass zwischen der Tendenz und Fähigkeit des Menschengeschlechts sich zu vermehren einerseits, der Möglichkeit für beliebig viele Menschen zu existiren anderseits ein Conflict besteht, aus welchem Schwierigkeiten hervorgehen, die nur in Ausnahmsfällen ganz gehoben, in allen Fällen aber durch vernünftige und sittliche That des Menschen sehr gemildert werden können. Bei Anerkennung dieser allgemeinen Wahrheit ist aber nicht zu vergessen, dass

1) die Verschiedenheit der Lage bei verschiedenen Völkern und in verschiedenen Zeiten, dass zeitweilige Ausdehnung der Production und dgl. grossen Einfluss auf das Mass der zu überwindenden Schwierigkeiten haben;

2) dass nicht nur die individuelle menschliche That, sondern auch öffentliche Institutionen von höchst günstiger Wirkung sein können;

3) dass jedenfalls eine gesunde Vertheilung des Volksvermögens Vorbedingung sittlichen Verhaltens der Massen ist und dass den unteren Ständen nicht allein moralische Pflichten auferlegt werden dürfen.

Ueber Armengesetzgebung. — Ueber Auswanderung.
Ueber gesetzliche Ehebeschränkungen.
Ungerechte Angriffe gegen Malthus beruhend auf übertriebener Darstellung seiner Einseitigkeiten.
Malthus und Ricardo.

Hinweis auf § 3 in Bezug auf die Wichtigkeit gesunder Vertheilung des Volksvermögens im Gegensatz zum Communismus, der durch die von ihm bewirkte allgemeine Armuth die Gefahr der Uebervölkerung nur vergrössern würde, und im Gegensatz zum extremen Individualismus, der im Stande ist, über den Reichthum der Reichen das hoffnungs- und haltlose Elend der Massen zu vergessen.

§ 7. Geschichte der Nationalökonomie.

Die Literaturgeschichte unserer Wissenschaft ist nur zu verstehen durch die Geschichte der Zeit, in der die einzelnen leitenden Werke geschrieben wurden. Jede Richtung oder Schule innerhalb der ökonomischen Wissenschaft, die einige Zeit hindurch von grösserer Bedeutung war, hat bestimmten Zeitbedürfnissen, wenn auch oft in einseitiger und verkehrter Weise, Ausdruck verliehen und ist nach den Zeitverhältnissen, nicht nach dem Massstab einer bestimmten modernen Theorie zu kritisiren.

Im Alterthum und Mittelalter gab es eine irgendwie selbstständige Wissenschaft von den wirthschaftlichen Erscheinungen nicht.

Gründe: Unentwickeltere Arbeitstheilung in der Wissenschaft. Geringe Selbstständigkeit der wirthschaftlichen gegenüber den politischen Interessen. Sklaverei, Leibeigenschaft etc., Zustand der Rechtswissenschaft. Hinweis auf ökonomische Ansichten bei einzelnen klassischen und mittelalterlichen Schriftstellern, bei den Römischen Juristen und den Canonisten.

Mit dem 16. Jahrhundert aber begann eine Literatur, welche in Anbetracht ihrer ununterbrochenen Weiterentwicklung als der erste Anfang der heutigen ökonomischen Wissenschaft bezeichnet werden kann. Diese Anfänge im 16. Jahrhundert haben ihren Grund in der grösseren Regsamkeit des freien wissenschaftlichen Geistes, insbesondere aber in der grösseren und selbstständigeren Bedeutung, welche die wirthschaftlichen Interessen nunmehr gewonnen hatten:

a) durch starke Ausdehnung des Geldverkehrs;
b) durch die Entdeckung neuer Länder und Seewege;
c) durch den Sieg des Absolutismus über den Feudalismus und das Bedürfniss der modernen Regierungen nach grösseren Geldmitteln zur Unterhaltung der Bureaukratie und der stehenden Heere;
d) durch den Umstand, dass namentlich die nationalen Staaten im Westen Europas nicht nur um politische Macht, sondern auch um den grössten Handelsgewinn miteinander wetteiferten.

Blick auf die Renaissance. — Der Absolutismus seinerzeit der Hort der Staatsidee. — Verschiedene Stellung der Monarchie zu dem alten Adel und dem städtischen Bürgerthum. — Besondere Lage Deutschlands.

Die im 16. Jahrhundert beginnende Literatur bezog sich zunächst auf einzelne Fragen.

Scaruffi, Davanzati, W. Stafford, Bodinus, Luther und seine Zeitgenossen in Deutschland.

Im 17. Jahrhundert wurden allmälig systematische Behandlungen aller wirthschaftlichen Fragen häufiger, und zwar war bis in die Mitte des 18. Jahrhunderts d. h. in der Vorzeit der eigentlichen Nationalökonomie der Geist des sogenannten Mercantilsystems herrschend.

Das Mercantilsystem betrachtete den Volkswohlstand als das Product weiser Regierungsmassregeln und stellte daher in erster Linie immer die Frage, welche Massregeln zur künstlichen Beförderung des Wohlstands ergriffen werden sollen. Diesen zu fördern erschien zugleich als Interesse der Regierung. Das Mercantilsystem war die Wirthschaftspolizei des aufgeklärten Absolutismus. In Folge des Wetteifers der Nationen und des Umstands, dass auf dem landwirthschaftlichen Gebiet wenig zu machen war, während Handel und Industrie nach Schutz begehrten, sahen die Mercantilisten vor Allem auf Beförderung des internationalen Handels und der exportirbare Waaren liefernden Industrie. Die bei vielen Mercantilisten vorkommende Ueberschätzung des Geldes war nur eine Nebenfolge dieser Tendenz, deren charakteristischster Ausfluss die Lehre war, dass der Mittelpunkt einer weisen Wirthschaftspolitik die Herstellung einer günstigen Handelsbilanz sein müsse.

So sehr dies in Theorie und Praxis übertrieben wurde, so war es doch in gewissem Masse zeitgemäss, da die Initiative des Bürgerstands vielfach einer Anregung durch die überwiegende Intelligenz der Regierungsorgane bedurfte.

Viele Schriftsteller vor der Mitte des 18. Jahrhunderts haben übrigens bereits manche vom Geiste des Mercantilsystems abweichenden Sätze gelehrt und so den Uebergang zu einem neuen System angebahnt, während manche sogar dem Mercantilsystem principiell gegenüberstanden ohne jedoch schon eine dauernde Schule begründen zu können.

Darstellung der Lehre von der Handelsbilanz. — Bedeutung derselben in verschiedenen Zeiten und bei verschiedenen Völkern. — Unterschied zwischen Handels- und Zahlungs-Bilanz. Gründe warum in den Zeiten des Mercantilsystems die Handels-Bilanz so wichtig erschien. Hauptsächlichste Mittel zur Herstellung der günstigen Bilanz: Monopolisirte Handelsgesellschaften (auf Actien), Navigationsgesetze. Schutzzölle. — Relative Berechtigung dieser Massregeln.

Literatur des Mercantilsystems in Spanien, Holland, Italien (Serra, Belloni, dann die Späteren: Galiani, Genovesi, Verri, Beccaria, Filanghieri), Frankreich (Melon, Forbonnais), England (Mun), Deutschland (Klock, Seckendorf, Justi, Sonnenfels etc.) — Selbstständigere Schriftsteller: die Holländischen und Englischen Freihändler im 17. Jahrhundert, Vauban, Boisguillebert, Möser, Büsch etc. — Die praktischen Staatsmänner: Cromwell, Colbert, Friedrich Wilhelm I., Friedrich II.

Diese Anfänge einer neuen Lehre entwickelten sich aber nicht ungestört weiter, sondern es entstand durch den Einfluss der Philosophie und Staatslehre des vorigen Jahrhunderts bald nach 1750 die auf ganz anderen Principien aufgebaute eigentliche Nationalökonomie als ein fertiges System.

Kurzer Blick auf die Philosophie des 18. Jahrhunderts. — Engländer, Deutsche, Rousseau und die Encyclopädisten. — Lehre vom Staatsvertrag. — Darstellung des Princips des Individualismus, der auf das wirthschaftliche Gebiet übertragen, auf diesem am consequentesten ausgebildet wurde.

Der übermässigen und vielfach falsch angewendeten Bevormundungslust des Mercantilsystems gegenüber that sich die Lehre auf, dass die unbedingte Freiheit der Individuen in wirthschaftlichen Dingen das Wohl des Volks am besten und sichersten begründe, und man versuchte den natürlichen Zusammenhang der wirthschaftlichen Erscheinungen unter Voraussetzung dieser Freiheit systematisch darzustellen, was natürlich zumeist nur durch Abstractionen möglich war. Die Behauptung, dass dem Staate auf wirthschaftlichem Gebiete gar keine positive Aufgabe zufalle, war durchaus einseitig und unpraktisch, ebenso wie die Lehre, die den Staat aus dem freien Willen der Individuen als eine Versicherungsanstalt für die Interessen der Einzelnen hervorgehn lässt. Sie war aber natürlich in einer Zeit, in welcher es galt, den Absolutismus mit seinen übertriebenen Eingriffen in die Wirthschaft der Unterthanen zu bekämpfen, und in der es nöthig geworden war, eine Anzahl vorherrschend negativer Reformen vorzubereiten als da waren namentlich:

die Herstellung freien Eigenthums an Grund und Boden,

Gewerbefreiheit und Freizügigkeit (im Gegensatz zu Zunftwesen und Concessionssystem),
Freihandel.

Die erste Schule, welche auf diesem Boden stand, war die französische der **Physiokraten**, welche sich in ihren socialpolitischen Grundanschauungen von den späteren Engländern nicht unterschieden, nebenbei aber aus Vorliebe für den Naturzustand und Gegensatz gegen das Mercantilsystem in den Irrthum verfielen, dass der Grund und Boden allein Reinertrag abwerfe und der Ackerbau allein productiv sei.

Zusammenhang zwischen Physiokraten und Encyclopädisten. — Quesnay, Gournay, Mirabeau der Aeltere, **Turgot**. Die Physiokraten keine bewussten Förderer der Revolution, dennoch aber aus Frankreich vertrieben. Eindringen ihrer Lehre nach Italien und Deutschland (Iselin, Schlettwein, Friedrich von Baden, Schmalz, Krug). Schwärmerische Philanthropie der Physiokraten, Ansichten derselben über Handel und Geld; Lehre von der alleinigen Grundsteuer.

Die Physiokraten wurden bald verdrängt durch den Schotten Adam Smith, als derselbe 1776 sein Buch „Untersuchung über die Natur und Ursachen des Wohlstands der Nationen" veröffentlichte.

Lebensgeschichte von Adam Smith. Früheres Werk desselben. — Charakterisirung seines Hauptwerks.

Auch Adam Smith gieng davon aus, dass die durch keine staatlichen Eingriffe beschränkte Selbstsucht des Einzelnen auf wirthschaftlichem Gebiete allein walten solle, und hatte für die positiven Culturaufgaben des Staats sowie dessen Pflicht, die Schwachen zu stützen, wenig Verständniss. Die völlige Eliminirung des Gemeinsinns aus der wirthschaftlichen Welt war aber bei ihm eine bewusste Abstraction zu dem Zwecke, um aus einer einfachen Prämisse heraus überhaupt zu einem einheitlichen Gesammtbild der wirthschaftlichen Erscheinungen zu gelangen. Jedenfalls dachte er noch nicht daran, den Interessen des mobilen Kapitals die Alleinherrschaft im Staate zu verschaffen und er verlangte gelegentlich Unterordnung der wirthschaftlichen Interessen unter höhere staatliche Zwecke. Auch verschmähte er es persönlich keineswegs, Geschichte und Erfahrung zum Beweis seiner Sätze heranzuziehen und war überhaupt weniger einseitig als alle seine Nachfolger. Er überschätzte weder den Handel noch den Grund und Boden, sondern stellte die Arbeit als solche als Quelle aller Werthe hin — ein Satz von der grössten Bedeutung für die Entwicklung unserer Wissenschaft und zugleich von hohem sittlichen Werth. Ein Fehler war allerdings der Versuch die Arbeit nicht nur zur Quelle sondern auch zum Mass aller Werthe zu machen, und die Unterscheidung zwischen productiver und unproductiver Arbeit.

Wenn daher A. Smith zu den einflussreichsten Schriftstellern gehört, die je gelebt haben, wenn noch heute alle ökonomische Wissenschaft auf ihn zurückgehn muss, und wenn er in dieser Wissenschaft den grössten Fortschritt unter allen ihren Vertretern begründet hat, so sind doch in seinem Werke auch die Keime aller jener Einseitigkeiten enthalten, die, von seinen Nachfolgern übertrieben, heute von der fortschreitenden Wissenschaft bekämpft werden.

Auszüge aus dem Werke von A. Smith. — Verschiedene Ansichten über ihn. — Sein Zusammenhang mit den Physiokraten. — Seine Einseitigkeiten aus seiner Zeit erklärt. — Beispiele, wie man noch heute in seinem Werk, anders als bei seinen Nachfolgern, Belege für die modernsten Anschauungen finden kann, während anderseits darin auch Anklänge von unhaltbarem politischen Individualismus und ökonomischem Materialismus zu finden sind. Beispiele von abstracter und realistischer Methode bei A. Smith.

Die Lehre von Adam Smith wurde bald in der Literatur aller Culturvölker herrschend, während die Praxis die von A. Smith gewollten Reformen nur langsam vollzog.

In England bildeten grosse Nationalökonomen seine Lehre im Einzelnen aus, insbesondere hat Ricardo in der Lehre von den Umlaufsmitteln, vom Preise, von der Grundrente, dem Kapitalgewinn und Arbeitslohn die abstracte Methode bis zur extremen Vollendung entwickelt. Von den neueren Nachfolgern A. Smith's in England ist der vielfach eklektische und den Uebergang zu einer neuen Richtung darstellende Stuart Mill der bedeutendeste. Ausser den Männern der Wissenschaft haben sich in England auch die praktischen Freihandelsagitatoren enge an A. Smith und Ricardo angeschlossen, dabei aber die Lehre der Meister vielfach zu einer reinen Interessenvertretung des mobilen Kapitals verdorben (Manchesterthum). Selbstständiger gegenüber Adam Smith sind unter den Englischen Nationalökonomen einzelne Verfasser wirthschaftsgeschichtlicher Werke sowie einige Schriftsteller aus neuester Zeit, die sich mit Arbeiterfrage, Landfrage etc. abgeben.

Näheres über Ricardo und die von ihm vertretenen Interessen. Seine abstracte Methode führt die Tendenz des Suchens nach absolut gültigen Naturgesetzen des wirthschaftlichen Lebens oft wider Willen ad absurdum. Uebertriebene Bewunderung die Ricardo zu Theil wurde. Ricardo und Malthus, dagegen Lauderdale. Die Epigonen: Mac Culloch, Senior, Ure, Cairnes. — Cobden und die Freihandelsagitatoren — Wirthschaftsgeschichtliche Schriften von Tooke, Newmarch, Rogers.

Näheres über Stuart Mill als Philosoph, Politiker und Nationalökonom. — Macleod. — Neuere: Fawcett, Ludlow, Thornton; Leslie als principieller Vertreter der neueren vielseitigen, nicht exclusiv abstracten Methode. —

In Frankreich wurde die Lehre von Adam Smith namentlich durch J. B. Say eingeführt.

Geringe Originalität von Say; Rossi, Blanqui, Chevalier, Baudrillart, Garnier, Wolowski etc.

Der Kampf mit dem Communismus und Socialismus veranlasste in Frankreich die Schüler von A. Smith oder Oekonomisten, die wenig erfreulichen Consequenzen von Ricardo abzulehnen, den Grundsatz von der unbeschränkten wirthschaftlichen Freiheit des Individuums aber um so mehr beizubehalten und aus der Verwirklichung dieses Grundsatzes die unbedingte Harmonie aller Interessen abzuleiten. Der glänzendste Vertreter dieser oft sophistischen Richtung ist Bastiat. Die Anfänge selbstständiger Fortschritte sind unter den eigentlichen Oekonomisten in Frankreich noch schwächer als in England.

Blick auf den Schutzzöllner Thiers. — Das Journal des Economistes. — Anfänge von Selbstständigkeit bei Sismondi. In neuester Zeit selbstständige Regung bei Mazaroz. Anfänge gewerblicher Corporationen. — Schon früher eine mehr realistische Methode bei Parien, Levasseur u. A.

In Deutschland fand die Lehre von Adam Smith sehr schnell Eingang. Die älteren deutschen Nationalökonomen dieser Schule zeigen wenig Originalität, haben aber Schätzbares für die Systematik des Fachs geleistet und wurden durch ihre im Anschluss an die alte Cameralwissenschaft fortgesetzte eingehende Behandlung der Wirthschaftspolizei und Finanzwissenschaft vor manchen Einseitigkeiten bewahrt. Auch eine Gruppe von Freihandelsagitatoren entstand später in Deutschland, welche aber namentlich in Folge ihrer politischen Stellung die Einseitigkeiten des Englischen Manchesterthums nie völlig acceptirten.

Sartorius, Lüder, Lotz, Kröncke, Jacob, Kraus, Soden etc., Hufeland. Der tüchtigste und noch gegenwärtig einflussreichste dieser älteren deutschen Nationalökonomen ist Rau. Politiker, die zugleich Nationalökonomen waren:

Rotteck. Die Deutschrussen Schlözer, Storch etc. — Die Freihandelsagitatoren: Faucher, Michaelis, Prince-Smith etc.; der volkswirthschaftliche Congress.

Bald kamen Schriftsteller, welche sich zwar durchaus als Schüler von A. Smith bekannten, aber die Lehre des Meisters selbstständig weiter bildeten und modificirten. Dieselben waren theils praktische Staatsbeamte (Nebenius, Hoffmann) theils reine Gelehrte (von Thünen, Hermann).

Hermann's Verdienst um die Wissenschaft grösser als das von Ricardo. — Seine Lehre vom Gemeinsinn, vom Kapital, vom Preise und vom Einkommen. — Mangoldt. — Thünens's verfehlte Versuche mathematischer Methode, aber höchst anerkennenswerthe Tendenz nach dem zu fragen, wass ein soll.

Die sich an die genannten Schriftsteller anschliessende neueste deutsche Schule von Nationalökonomen kann nur verstanden werden nach Darstellung derjenigen Richtungen, die sich in principiellen Gegensatz zu der Schule von Adam Smith gesetzt haben. Dieser Richtungen sind es namentlich vier:

1) Die Romantiker, welche die Lehre von A. Smith im Geiste der nach den Freiheitskriegen auftretenden politischen Reaction bekämpften. Einzelne moderne conservative Nationalökonomen schliessen sich in ihrer Bekämpfung von A. Smith an die Romantiker an.

Friedrich von Gentz, Haller, A. Müller.

2) Die Protectionisten, welche Schutzzölle vielfach als dauernde Institution verlangen:

Carey, der zugleich mit Bastiat verwandt ist. List bedeutender als Carey. M. Mohl und andere Neuere. Thiers.

3) Die Communisten, welche nach völliger Aufhebung des Sondereigenthums absolute Gleichheit der Genüsse herstellen wollen.

Revolutionärer Communismus von Babœuf, Buonarotti und ihren Nachfolgern; Schwärmerischer Communismus von Owen, Cabet, Weitling; Uebergang von Communismus in Socialdemokratie.

4) Die extremen und utopischen Socialisten. Socialismus in des Wortes eigentlicher Bedeutung ist einfach der Gegensatz zum Individualismus, ist an sich gar keine Richtung mit einem bestimmten Programm, sondern nur ein Princip, betreffs dessen die Frage ist, in welchem Maass es neben dem anderen Princip des Individualismus zur Anwendung kommen kann oder soll. Dagegen sind scharf definirbare Richtungen der extreme Individualismus, der gar keine Unterordnung der Einzelnen unter das Ganze, gar keine Schranke der Freiheit will, und der extreme Socialismus, der die

individuelle Freiheit völlig vernichten will. Und zwar sind der extreme Individualismus und extreme Socialismus beide verfehlte Richtungen, welche die natürliche Tendenz haben in Revolution und Anarchie auszuarten.

Zum extremen Socialismus rechnet man auch alle diejenigen Richtungen, welche zwar noch einige Freiheit bestehen lassen, aber diese doch soweit einschränken wollen, dass dies bei dem gegenwärtigen Stande der Dinge und gegenüber der Natur der Menschen ohne Gewaltthat praktisch nicht allgemein durchzusetzen wäre. Meistens verlangen die extremen Socialisten nicht Gleichheit der Genüsse, aber eine gerechte Vertheilung der Güter im Verhältniss zu den Leistungen oder Vereinigung der Menschen bei Production und Consumtion in vollster Brüderlichkeit und zu diesem Zweck Aufhebung oder stärkste Beschränkungen des Sondereigenthums an Kapitalgütern und der Vertragsfreiheit. Da aber die Gerechtigkeit in der Vertheilung der materiellen Güter als alleiniges Ziel aller öffentlichen Einrichtungen selbst ein Ausfluss der einseitigen Gleichheitsidee und einer materialistischen Weltanschauung ist, da ferner dieselbe ohne absoluten Zwang bei der Production nicht durchzusetzen ist, und die gerechte Berechnung des Werthes verschiedener Leistungen stets willkürlich bleibt, so geht der extreme Socialismus leicht in Communismus über und letzterer erscheint als der äusserste linke Flügel und als die innerlich consequenteste Abart des extremen Socialismus.

Dies ist um so natürlicher, als eine auf dem Gleichheitsgedanken beruhende Gerechtigkeit verlangt, dass nicht die seltenere und nützlichere, sondern nur die anstrengendere und unangenehmere Leistung höher belohnt wird.

Die extremen Socialisten waren theilweise keine bewussten Vertreter der Revolution, sondern wollten nur durch Ueberzeugung wirken. — Schwärmerische Weltbeglücker.

St. Simon und die St. Simonisten. Aufhebung des Erbrechts. Fourier und die Fouriristen. Religiöse Socialisten. Die Oweniten, die Sacred Socialists und christlichen Socialisten in England. Der Verfasser von „Abbruch und Neubau" und Marlo in Deutschland. Blick auf den kritischen Socialismus von Proudhon.

Theilweise aber wollen sie unverkennbar und bewusster Weise Revolution und Gewaltthat zum Zwecke der Durchführung ihrer Ideen. Dies thut namentlich die Socialdemokratie, d. h. die heute herrschende Form des extremen Socialismus, welche vom Sprachgebrauch gewöhnlich mit Socialismus kurzweg verwechselt wird.

Die Partei der physischen Gewalt unter den Chartisten. Louis Blanc und das Jahr 1848 in Frankreich. Becker, Engels, Marx, Lassalle. Die Socialdemokratie als Wissenschaft. — Die Internationale. — Gegenwärtige Verbreitung und Organisation der Socialdemokratie. — Verhältniss der Führer zu den Massen. Internationale und nationale Socialdemokratie.

Die Socialdemokratie verlangt im Allgemeinen Einrichtungen, denen zu Folge jedem Arbeitenden das ihm nöthige Kapital frei zur Verfügung steht, damit jeder Arbeitende den vollen Ertrag seiner Arbeit, d. h. einen allein von seinen Leistungen abhängigen Theil des Gesammteinkommens erwerbe, jedes reine Besitzeinkommen und Einkommensverschiedenheit durch Conjunctur etc. aufhöre. Um dies zu erreichen soll vorerst die Staatsgewalt den proletarischen Massen ausschliesslich dienstbar gemacht werden, was ohne Revolution nicht möglich ist. Es ist in der Socialdemokratie zu unterscheiden einerseits das Element des ökonomischen Socialismus, d. h. die Theorie vom Werth und Einkommen, welche für sich allein betrachtet zwar unwahr resp. utopisch aber durchaus würdig ist diskutirt zu werden — und anderseits das politisch-revolutionäre Element und die zu Grunde liegende materialistische allen anerkannten Sittengesetzen widerstrebende Tendenz. Letztere Elemente sind die eigentlich gefährlichen und müssen vor Allem bekämpft werden. Gerade in dieser Hinsicht ist aber die Socialdemokratie die Erbin des extremen Individualismus, mit dem sie dann auf rein ökonomischem Gebiet seinen Gegensatz den extremen Socialismus verbindet.

Richtige und falsche Mittel, den vorzugsweise politischen und moralischen Gefahren der Socialdemokratie zu begegnen. Weder Zwangsmassregeln gegen Ausschreitungen, noch Belehrung und Aufklärung können allein helfen, sondern es muss zugleich eine Verminderung des Elends angestrebt werden, welche den erbitterten Leidenschaften ihre Grundlage entzieht, und es muss die Energie der unteren Klassen in die Bahnen erfolgreicher Thätigkeit in corporativen Verbänden geleitet werden. Obwohl die gegenwärtige Socialdemokratie zumeist nur ein Ausdruck von erregten Gefühlen und eine Negation der bestehenden Ordnung in Staat und Gesellschaft ist, so sind die Socialdemokraten doch noch von den reinen Anarchisten oder Nihilisten zu unterscheiden. — In Bezug auf ihre ökonomischen Theorien und Postulate allein lehnen sich die Socialdemokraten theilweise an socialconservative Vorgänger (Rodbertus) an und erfahren von sogenannten socialconservativen Zeitgenossen auch oft eine zu weit gehende Anerkennung. — Ausserdem geschieht dies gelegentlich von radical fortschrittlicher Seite (Lindwurm).

Von diesen verschiedenen Richtungen ist der Communismus

eine Unmöglichkeit und nur als Gegensatz zu übertriebener Vermögensungleichheit verständlich. Der extreme Socialismus muss bekämpft aber wissenschaftlich untersucht werden und hat gegenüber extremem Individualismus manches kritische Verdienst (gegenüber Ricardo). Er hat auf die Bedeutung der Vertheilungsfragen aufmerksam gemacht, hat die Idee der Association allgemein verbreitet, zur Untersuchung der thatsächlichen Verhältnisse des Arbeiterstandes gedrängt.

Die Romantiker und Protectionisten haben das Verdienst auf die Nothwendigkeit der Berücksichtigung der verschiedenen Lage verschiedener Völker und auf den Einfluss staatlicher Einrichtungen energisch hingewiesen zu haben.

Während die deutsche Nationalökonomie diese extremen Richtungen vorurtheilsfrei und kritisch zu betrachten begann, wurde sie zugleich von der Staatswissenschaft mit ihrer organischen Staatslehre, von der Jurisprudenz durch die historische Schule, von der jung aufstrebenden Statistik und von der älteren und neueren deutschen Philosophie günstig beeinflusst.

Dahlmann — Gneist; — Savigny — Eichhorn; — Engel — Rümelin; — Kant, Fichte, Herbart, Hegel, Krause.

Wichtig und nachhaltig war ferner der Einfluss der Ideen des Freiherrn von Stein namentlich auf das deutsche Beamtenthum, der Einfluss der Entwicklung des Zollvereins auf die gesammte öffentliche Meinung.

Durch den Zollverein wirthschaftliche Interessen im Dienste höherer politischen Zwecke.

Aus all diesen Anregungen ergab sich, dass die deutsche Nationalökonomie sich in vielfacher Hinsicht immer selbstständiger vom Ausland entwickelte und zwar in Bezug auf ihre philosophische Grundlage, in Bezug auf ihre wissenschaftliche Methode und in Bezug auf die daraus hervorgehenden praktischen Tendenzen. Die neuere Deutsche Nationalökonomie bekämpft prinzipiell

1) die entweder aus Kurzsichtigkeit oder bewusstem Materialismus entspringende Anschauung, derzufolge Production und Erwerb wirthschaftlicher Güter durch die Individuen einziger oder Hauptzweck des menschlichen Lebens ist; sie betrachtet die Güter als ein Mittel, das die Menschheit in ihrem Streben nach sittlichen Lebensidealen benutzen, das dem Culturfortschritt im Ganzen dienen soll.

2) sie verwirft die absolut gültigen wirthschaftlichen Naturgesetze, sucht die gegenwärtigen wirthschaftlichen Erscheinungen durch Studium ihrer geschichtlichen Entwicklung zu verstehn und durch Heranziehung statistischer Massenbeobachtungen in ihrem jetzigen Stande möglichst genau zu erkennen. Sie benutzt die Kenntniss von der Natur des menschlichen Verstandes und Willens um den Causalzusammenhang der wirthschaftlichen Thatsachen zu ergründen, construirt aber nicht diese Thatsachen selbst aus einseitigen Annahmen über die Natur des Menschen;

3) sie legt gegenüber der Englischen Schule grösseres Gewicht auf die Fragen der Vertheilung der Güter und erkennt das Recht des Staats zu positiver Intervention in die Wirthschaft der Unterthanen zur Stütze der Schwachen und zur Stärkung des Gemeinsinns an. Wenn die Nationalökonomie des vorigen Jahrhunderts hauptsächlich der Befreiung der wirthschaftlichen Kräfte von alten unbrauchbaren Schranken diente, so dient die neuere Deutsche Nationalökonomie vorzugsweise dem erkannten Bedürfniss nach neuen socialen Ordnungen, dem Bedürfniss socialer Reform im doppelten Gegensatz zur socialen Revolution und zum starren Laissez-faire;

4) sie hat gegenüber den anderen „moralischen und politischen Wissenschaften" in Folge dessen eine minder isolirte Stellung.

Diese selbstständige Richtung der deutschen Nationalökonomie schon vor 1850 hauptsächlich durch die sogenannte historische Schule begründet (Hildebrand, Knies, Roscher, — Lorenz Stein, Helferich, Hanssen, Bernhardi). Seit 1873 haben sich die meisten älteren und jüngeren Anhänger dieser Richtung in den Verein für Socialpolitik zusammengethan (Schmoller, Brentano, Nasse, Wagner etc. etc.). In diesem Verein tritt seit Neuestem eine Differenz in so ferne hervor, als die Mehrzahl die freien Organisationen der wirthschaftlichen Stände und ihre Beförderung und Leitung durch das Gesetz für die Hauptaufgabe der socialen Reform halten, während eine Minderzahl stärkere Aenderungen des Sonder-Eigenthumsrechts für wünschenswerth und besonders wichtig hält. Letztere Minderheit steht den alten Socialconservativen und den neuen sogenannten Staatssocialisten (Todt) näher. Die „Staatssocialisten" voll guter Absichten, aber vielfach confus und unbesonnen. Schon älteren Datums sind die erfolgreicheren katholischen Christlichsocialen. — Die Mehrzahl der Socialpolitiker sind dagegen mit den Gründern der Bonner Conferenz von 1870, und dem verdienten V. A. Huber näher verwandt. Erwähnt muss werden, dass manche theoretische Anhänger der älteren Englischen Nationalökonomie doch praktisch die sociale Reform sehr gefördert haben (Schultze-Delitzsch, V. Böhmert etc.).

Zu erwähnen noch: Stellung verschiedener Arbeiter- und Arbeitgeber-

Vereine zu diesen Richtungen — Wissenschaftliche Verdienste von Specialisten wie Soetbeer — Lexis, Knapp etc. — Isolirtere Stellung von Gelehrten wie Dühring, H. Rösler, Umpfenbach, Laspeyres etc. — auch Schäffle. — Vereinzelte Anhänger einer extrem mathematischen oder statistischen Methode etc. etc.

Durch diese Bestrebungen der neueren Deutschen Nationalökonomie ist noch kein neues dem von Adam Smith absolut entgegengesetztes System entstanden, da es sich ja zunächst um Correctur der Einseitigkeiten der A. Smith'schen Schule handelt. Aber es ist ein neuer lebendiger Fortschritt in der Wissenschaft angebahnt, der zwar noch vielfach verkannt und missverstanden wird (s. Journal des Economistes), doch aber schon beginnt auch fruchtbringend auf das Ausland zu wirken (E. de Laveleye, Giornale degli Economisti).

Blick auf einzelne Uebertreibungen innerhalb der neueren deutschen Nationalökonomie. Starkes factisches Nachgeben der früheren schroffen Freihandelstheoretiker. Das eigentliche Manchesterthum in der deutschen Wissenschaft jedenfalls definitiv überwunden. Eine so schroffe unbedingte Opposition der neueren Richtung gegen A. Smith wie dieser sie seinerzeit gegenüber den Mercantilisten machte, könnte den organischen Fortschritt der wissenschaftlichen Erkenntniss nur stören.

II. Abschnitt.

Lehre von der Production.

§ 1. Produciren heisst Brauchbarkeit erzeugen, oder: Etwas überhaupt oder in höherem Masse, als es bisher war, zur Bedürfnissbefriedigung geeignet machen.

Produciren ist identisch mit wirthschaftlichem Arbeiten. Im Gebiete der Wirthschaft giebt es keine unproductive Arbeit.

Wirthschaftliche Güter, an oder mit welchen gearbeitet wird, heissen Productivkapitalgüter.

Da ein wirthschaftliches Arbeiten heute fast nie ohne Benutzung von Productivkapitalgütern stattfindet, da ferner alles Arbeiten nur unter der Voraussetzung gedacht werden kann, dass gewisse unbedingt freie Güter zu Gebote stehn, so lässt sich die Production auffassen als ein Prozess des Einwirkens menschlicher Arbeit auf Kapitalgüter innerhalb einer gegebenen Sphäre freier Güter.

Aeltere Darstellung von den 3 Productionsfactoren: Natur, Arbeit, Kapital. — Eine Arbeit ohne Kapital zwar denkbar, heute aber äusserst selten, da schon der Raum, in dem die Arbeit stattfindet, wirthschaftliches Gut zu sein pflegt, und früher freie Güter nach begonnener Arbeit wirthschaftliche werden.

§ 2. Die freien Güter sind durch ihre ungleichartige Vertheilung von grossem Einfluss auf den Entwicklungsgang und den Erfolg der Production.

Vorhandensein von vielem fruchtbaren Boden befördert die Cultur, wenn auch nicht immer nachhaltig. — Bedeutung fossiler Bodenschätze. — Natürliche Hilfsquellen eines Landes ohne Fleiss der Bewohner nutzlos. — Klima. — Kaltes, gemässigtes, tropisches Klima. — Bevölkerungsdichtigkeit unter verschiedenem Klima. Verweichlichende Wirkung von tropischem Klima. — Natürliche Verkehrslage eines Landes — Gebirge, Flüsse, Meere.

§ 3. Die productiven Kräfte.

Die Arbeitsfähigkeit der einzelnen Menschen wird nicht nur durch individuelle Verhältnisse, sondern vor Allem durch die Unterschiede von Alter und Geschlecht bedingt.

Die erwachsenen Männer sind vorzugsweise zur productiven Thätigkeit berufen.

Kinder und Unerwachsene sollen in erster Linie lernen und ihre Kräfte möglichst ausbilden, nur so weit es diesen Zweck nicht beeinträchtigt, bei der Production mithelfen.

Fabrikgesetzgebung in Bezug auf Kinderarbeit. — Stand der Lehrlingsfrage. — Einfluss des Schulwesens.

Das weibliche Geschlecht hat seine natürliche Thätigkeitssphäre in der Familie: Erziehung der Kinder, Regelung der Consumtion. Nur für die erwachsenen unverheiratheten Personen weiblichen Geschlechts müssen Berufszweige offen stehen, in welchen diese ähnlich den Männern arbeiten können.

Politische und sociale Bedeutung der sogenannten Frauenemancipationsbewegung einerseits — der auf Entlastung des Weibes von Arbeit in den unteren Ständen gerichteten Bewegung andererseits. Letztere Bewegung weit wichtiger.

Statistisches über Verheirathete und Unverheirathete. — Statistisches über weibliche Arbeiter. — Fabrikgesetzgebung über Frauenarbeit.

Greise sollten nicht mehr genöthigt sein, die letzten Reste ihrer Kraft auszunutzen, sondern im Stande sein, sich durch ihren Rath an der Production der Jüngeren zu betheiligen und von den Früchten ihrer früheren Leistungen zu leben.

Nothwendigkeit allgemein verbreiteter Alterskassen. Stand dieser Frage im Zusammenhang mit der Frage des Armenwesens.

Wenn Kinder und Frauen zur Production nicht in gemeinschädlicher Weise herangezogen werden sollen, so ist die Productivkraft eines Volkes ceteris paribus um so grösser, je grösser die Zahl der erwachsenen Männer im Verhältniss zur Gesammtbevölkerung ist. Verschiedenheiten in dieser Hinsicht entstehen meistens durch die verschiedene Zahl der Kinder, so dass im Allgemeinen die an erwachsenen Männern reichsten Länder diejenigen sind, in denen die Bevölkerung sich am wenigsten vermehrt.

Statistisches über die Zahl von Männern und Frauen in verschiedenen Altersklassen, über die mittlere Lebensdauer von verschiedenem Alter an berechnet. — Gänzliche Falschheit der meisten umlaufenden Zahlen über mittlere Lebensdauer. — Mass der Bevölkerungszunahme in den wichtigsten Ländern.

§ 4. **Arbeitstheilung** ist der gesellschaftliche Zustand, demzufolge der einzelne Producent sich auf eine bestimmte Theilnahme an der Production einzelner Güter beschränkt.

Arbeitstheilung ergänzt durch Tauschverkehr. Arbeitstheilung auf freiem Willen der Einzelnen beruhend, oder auf Zwangsinstitutionen. Beständiges Wachsen der Arbeitstheilung.

Man unterscheidet Arbeitstheilung nach Berufsarten und Arbeitstheilung innerhalb eines Erwerbsgeschäftes.

Beide Arten der Arbeitstheilung im Wachsen begriffen. Beispiele. Beständige Vermehrung der Productionszweige. Einfluss der Grossindustrie. Vergleichsweise geringere Arbeitstheilung in der Landwirthschaft. — Die Arbeitstheilung nach Berufszweigen wird oft zur geographischen Arbeitstheilung.

Der grosse Nutzen der Arbeitstheilung besteht in der Steigerung der Production, welche bewirkt wird

1) durch die bessere Ausnutzung aller individuellen Anlagen und Kräfte;
2) durch die einseitige Uebung;
3) durch Verkürzung der nöthigen Lehrzeit;
4) durch den Wegfall des Zeitverlusts beim Uebergang von einer Arbeit zur anderen;
5) durch die Anregung, welche aus den lebhafteren Beziehungen der Menschen zu einander bei Arbeitstheilung und Verkehr entstehen.

Die Arbeitstheilung hat aber auch Nachtheile, indem sie leicht eine einseitige und unharmonische Ausbildung des Menschen in geistiger und körperlicher Hinsicht bewirkt und die Abhängigkeit des Einzelnen von Conjuncturen steigert. Diese Nachtheile kann und muss man zu heben oder zu mildern suchen ohne Einschränkung der werthvollen Arbeitstheilung.

Verschiedenheit der Lebensdauer nach Berufsarten. Besondere Massregeln für gesundheitsschädliche und lebensgefährliche Berufsarten. — Haftpflicht. — Invalidenkassen. — Nothwendigkeit, dass jeder Arbeiter möglichst ein ganzes Gewerbe vollständig erlerne und dann die Möglichkeit zu einigermassen wechselnder Beschäftigung im Laufe der Zeit habe. Werth einer Verkürzung der Arbeitszeit im Zusammenhang mit wachsender moralischer und intellectueller Bildung. Werth von Institutionen, welche alle Klassen zum öffentlichen Dienste heranziehen. — Wehrpflicht — Wahlrecht — Schulpflicht. — Die Unsicherheit der Existenz durch Abhängigkeit von Conjuncturen nicht so schlimm als die Abhängigkeit von natürlichen Ereignissen als Erndteausfall etc. bei geringerer wirthschaftlichen Entwicklung, aber doch ein grosses Uebel gesteigert durch Grossindustrie und Welthandel. Abhilfe dagegen bietet nur ein entwickeltes Versicherungswesen als ein Theil der Organisation der Gewerbe. — Hilfskassen, Gewerkvereine, neue Innungen.

Das Mass der möglichen und wünschenswerthen Arbeitstheilung hängt zumeist ab von der Grösse des Marktes und von der Menge der vorhandenen Kapitalgüter.

Bevölkerungsdichtigkeit und Verkehrsanstalten (Eisenbahnen) vergrössern den Markt. — Wie Ursache und Wirkung sich dabei verschlingen. — Das Kapital ist von Wichtigkeit weil es ermöglicht, das Risico einseitiger Production zu wagen und weil darauf die Grossindustrie mit Maschinen beruht.

§ 5. Die Productionsarten.

Die berufsmässige productive Thätigkeit ist entweder eine freie, oder sie ist Erwerbsthätigkeit d. i. Gewerbe im weiteren Sinn des Wortes. Bei ersterer ist die Neigung zur Arbeit und die damit verbundene Ehre das Hauptmotiv zur Uebernahme der Arbeit, letztere wird wegen des aus ihr sich ergebenden Erwerbs ergriffen, wenn auch bei ihr Freude an der Arbeit selbst und Pflichtgefühl nicht fehlen dürfen. Freie und Erwerbsproduction gehen in der Praxis natürlich in einander über, und die sogenannten liberalen Professionen sind nicht immer von freien Producenten besetzt. Folgende praktische Eintheilung der Productionsarten lässt sich daher nicht unbedingt als Untereintheilung der ersten in freie und Erwerbsproduction betrachten:

1) Liberale Professionen d. h. berufsmässig geübte persönliche Dienstleistungen zur Befriedigung von höheren und von Collectivbedürfnissen.

Staatsdienst, Militär, Kirche, Kunst, Wissenschaft etc.

2) **Landwirthschaft und Verwandtes: Forstwirthschaft, Jagd, Fischerei, Gärtnerei.**

Landwirthschaft und Bergbau als „Urproduction" zusammenzufassen ist theoretisch richtig, praktisch werthlos, weil die socialen Verhältnisse der Bergleute denen der Industriellen weit ähnlicher sind.

3) **Gewerke: d. i. grosse und kleine Industrie, Fabrikation und Handwerk.**

Dazu gehören auch Hüttenwerke und Gastwirthschaft.

4) **Berufsarten, welche der Art der Thätigkeit nach dem Gewerksbetrieb nahe stehen:**

Bergbau,
Transportgewerbe (incl. Eisenbahnwesen, Schifferei).

5) **Niedere persönliche Dienstleistungen.**

Ungelernte Handarbeiter gehören nicht hierher; sie müssen zwar, weil sie verschiedenen Productionszweigen abwechselnd dienen, in einer socialen Statistik der Bevölkerung eine besondere ergänzende Klasse bilden soferne sie nicht vorzugsweise der Landwirthschaft oder einem anderen Gewerbe dienen — können aber nicht zur Aufstellung einer eignen Art von Production veranlassen.

6) **Handel d. i. Ankauf von Waaren zum Zwecke des Wiederverkaufs.**

Eigentlich treibt jeder Gewerbetreibende heute Handel. Hierher gehören aber nur Diejenigen, die nur Handel treiben, nicht zugleich die Gestalt der Waaren ändern. Die productive Bedeutung des Handels liegt darin, dass er die Güter dahin bringt, wo sie am meisten gebraucht werden.

Die numerisch wichtigsten Berufsarten sind überall Landwirthschaft und Gewerke. Das numerische Verhältniss, in welchem diese zwei Berufsarten selbst zu einander stehn, ist für den Charakter der Wirthschaft eines Volkes in hohem Masse bestimmend.

Berufsstatistik der verschiedenen Culturstaaten. Bemerkungen über Vergleichbarkeit dieser Statistik. Aenderungen der Verhältnisszahlen im Laufe der Zeit. Landwirthschaftliche und industrielle — städtische und ländliche Bevölkerung. — Relatives Wachsen der industriellen und städtischen Bevölkerung namentlich in England. — In Ländern, die nicht stark auf fremde Nahrungsmittel angewiesen sind, beträgt die landwirthschaftliche Bevölkerung noch immer nahezu die Hälfte der Gesammtbevölkerung oder mehr. Die relative Abnahme der landwirthschaftlichen Bevölkerung unbedenklich im Hinblick auf die Production und die Versorgung des Volks mit allem Nöthigen — aber nicht unbedenklich in socialer und politischer Hinsicht. — Gegenmittel: Decentralisation der Industrie.

Es ist keineswegs berechtigt eine dieser Berufsarten unproductiv zu nennen. Wenn manchmal einzelne Berufsarten vergleichsweise zu stark besetzt sind und dadurch eine Kraftvergeudung stattfindet, so ist deshalb die Berufsart als solche nicht unproductiv. Es giebt keine unproductiven Arten von Arbeit, wohl aber unproductive Menschen.

Bezeichnung der liberalen Professionen, insbesondere des Militärs, und des Handels als unproductiv. Diese Ansicht beruht auf Verkennung des Satzes, dass es auf Bedürfnissbefriedigung, nicht auf Stoffe ankommt, oder auf politischen Gründen.

Unproductive Menschen: Almosenempfänger, Rentner etc. Jeder Arbeitsfähige hat die moralische Pflicht zu arbeiten, der Reiche ebenso gut als der Arme. Eine kleine Anzahl von Rentnern deshalb nicht gemeinschädlich, wenn diese aus Leuten besteht, die früher viel gearbeitet haben oder die sich allgemein nützlich machen, ohne einen bestimmten Lebensberuf zu haben.

Unproductiv sind auch einzelne Gewerbetreibende aller Art, deren Gewinn durch Betrug oder Uebervortheilung entsteht d. h. die für sich erwerben, aber nur auf Kosten Anderer, ohne die Gesammtheit der Güter zu vermehren oder deren Brauchbarkeit zu erhöhen. Leute, deren Arbeit wider ihren Willen erfolglos bleibt, indem Naturereignisse das Product zerstören, unvorherrschbare Conjuncturen das Product nicht absetzbar machen und dgl. kann man, soferne sie nicht leichtsinnig oder unsinnig gehandelt haben, unbedingt als productiv bezeichnen. Man muss bedenken, dass wenn man alle Fälle gleichartiger Production betrachtet, naturgemäss stets Fälle misslingender neben denen erfolgreicher Thätigkeit vorkommen werden.

Man kann auch nicht einer Berufsart eine höhere Productivität zuschreiben als den anderen.

Verschiedene Versuche in dieser Richtung.

Wohl aber kommt verschiedenen Arbeitenden derselben Art eine verschiedene Productivität zu, je nachdem sie in gleicher Zeit mehr leisten.

Die Productivität einfach nach der Leistung, nicht nach dem Ueberschuss der Leistung über den Consum zu bemessen.

Diese Unterschiede rühren her entweder

1) **von der verschiedenen Leistungsfähigkeit der einzelnen Personen;**

Individuelle Anlagen; Anlagen einzelner Völker und Stämme; Unterschiede von Alter und Geschlecht; Allgemeine und gewerbliche Ausbildung; Ernährung, Lohnhöhe, regelmässige Arbeitszeit.

2) **von dem Masse der Lust und Neigung zur Arbeit;**

Sittliche Anschauungen über den Werth und die Ehre der Arbeit. Einfluss der Sicherheit, die Frucht der Arbeit geniessen zu können: Rechtssicherheit, störende Naturereignisse, aleatorischer Absatz; Einfluss des Klimas auf die Arbeitslust. Bedeutung der Institution des Sondereigenthums für Steigerung der Lust zur Arbeit.

Bedürfnisse als Sporn der Arbeitslust. — Standard of life. Verschiedene Stellung der selbstständigen und der abhängigen Arbeit: Unternehmer auf eigene Rechnung, Gesellschafter, Genossen, Arbeiter mit Tantième vom Geschäftsgewinn, Accord-Arbeiter, Arbeiter in Gruppenaccord, mit Stücklohn, Zeitlohn, Arbeiter in Frohndienst, Instleute und dgl., — unfreie Arbeiter.

3) von äusseren Umständen, die den Erfolg der Arbeit begünstigen.

Dahin gehört der Einfluss freier Güter (s. oben), die Benutzung vielen und guten Kapitals (s. unten), die zweckmässige Organisation der Arbeit etc. etc.

§ 6. Kapital.

Etymologisches über das Wort Kapital. Nicht ökonomische Anwendungen des Worts. Innerhalb der National-Oekonomie versteht man unter Kapital entweder gewisse Güter oder Menschen, welche diese Güter besitzen. Erstere Definitionen wissenschaftlich in erster Linie zu berücksichtigen.

Bei Definitionen in unserer Wissenschaft ist eine gewisse Willkür unvermeidlich; es giebt nicht eine ausschliesslich richtige Definition, aber man kann sich zu einer Definition vereinbaren, die als die zweckmässigste bei allen Anwendungen sich erweist, ferner kann man viele Definitionen als der Sprache widersprechend, als innerlich unlogisch oder als tendenziös zurückweisen. — Hinweis auf die Definitionen vom Gut, vom Werth etc. — Unter der Form von Definitionen oft unbewiesene Lehrsätze eingeschoben.

Aeltere Definitionen vom Kapital als „ersparter Arbeit" im Gegensatz zur Natur. Hermann'sche Definition. Unterschied je nachdem man in der Definition die Bedeutung des Kapitals für die Production, die für die Vertheilung, oder beide berücksichtigt. Definitionen die in erster Linie auf die durch Kapitalbesitz entstehende Kaufkraft sehen. Socialdemokratische Definitionen. — Neueste Versuche.

Unter Kapital versteht man entweder Kapitalgüter oder Privatkapitalien. Erstere sind ein Theil des Gesammtvermögens, letztere Theile von Privatvermögen oder Waaren (s. I § 2 u. § 5). Unter Kapitalgütern versteht man in einer das gesammte Gebiet der wirthschaftlichen Erscheinungen umfassenden Wissenschaft am zweckmässigsten alle diejenigen wirthschaftlichen Güter, die zur Verwendung bei der Production oder zu dauerndem, beständig direct Genuss gewährendem Gebrauche bestimmt sind: Productions- (Erwerbs-) und Nutz-Kapital. Die Gesammtheit der (resp. einer abgeschlossenen Gesellschaft von Menschen) zur Verfügung stehenden Kapitalgüter oder reellen Kapitalien ist das Gesammtkapital. Das Privat-

Kapital eines Einzelnen ist sein Antheil am Gesammtkapital und besteht in dem Inhalt seiner Vermögensrechte, deren Object Kapitalgüter sind. Wenn wir das Wort Kapital kurzweg ohne weitere Erklärung gebrauchen, so sind Kapitalgüter, nicht Privatkapitalien gemeint.

Der Gegensatz zu den Kapitalgütern sind freie Güter und Genussgüter d. h. die zu einmaliger Consumtion unmittelbar bestimmten Güter. Vorräthe solcher Genussgüter, selbst in der Hand des Consumenten, werden Kapitalgüter, wenn sie Voraussetzung des Unternehmens gewisser productiven Arbeiten sind oder wenn ihre beständige Erneuerung und Erhaltung in der Wirthschaft nothwendig ist. Ob ein Gut Kapital- Erwerbs- oder Nutz-Kapital-Gut sei, hängt nicht von seiner Natur, sondern von der Bestimmung ab, die ihm der Mensch giebt, wenn auch selbstverständlich die Natur die Güter zu der einen oder anderen Bestimmung besonders geeignet macht, manche Güter überhaupt nur in einer Bestimmung vorkommen können.

Bedeutung der Nutzkapitalgüter in der Wirthschaft. Fälle von Gütern, die zwischen Erwerbs- und Nutzkapitalgütern in der Mitte stehn. Die Entscheidung, in welche Kategorie ein Gut gehört, hängt immer davon ab, welcher Dienst mit demselben nach seiner derzeitigen Bestimmung durch den Berechtigten der Gesammtheit der Menschen geleistet wird, nicht davon, welcher Vortheil einem Einzelnen zufliesst (s. unten beim fixen und flüssigen Kapital). Vermiethete Wohngebäude sind Nutzkapitalgüter, auch wenn der Eigenthümer dadurch Miethzins erwirbt. Forderungsrechte, Monopole etc. sind keine wirthschaftlichen Güter (s. Abschn. I, § 2 u. 5), also auch keine Kapitalgüter. Derjenige, dem ein solches Recht zusteht, mag dadurch einen Vortheil haben, der dem Vortheil aus dem Eigenthumsrecht an einem wirklichen Kapitalgut gleichgestellt werden kann, durch die Creirung solcher Rechte werden aber weder die sachlichen Productionswerkzeuge noch die dauernden Gebrauchsgüter, die der Menschheit zu Gebote stehn, direct vermehrt.

Man kann das Forderungsrecht des Gläubigers nicht als reelles Kapitalgut rechnen, nachdem die Productionswerkzeuge in der Hand des Schuldners schon als Theil des Gesammtkapitals gerechnet sind, oder nachdem der Schuldner einen der Schuld entsprechenden Werthbetrag an Gütern consumirt hat. Alle vorstehenden Sätze ergeben sich mit Nothwendigkeit aus der Unterscheidung zwischen Kapitalgütern und Privatkapitalien.

Zum Privatkapital einer einzelnen Person gehört aber der Inhalt der erwähnten Rechte, da dieses als Antheil am Gesammtkapital überhaupt durch Vermögensrechte bestimmt wird. Es ist dabei nur zu bemerken, dass Manches was als Theil eines Privatkapitals erscheint, in der That kein Antheil am Gesammtkapital, sondern nur ein Recht auf Erwerb von Vermögens- resp. Einkommenstheilen Anderer ist. — Wirkliches und scheinbares Privatkapital.

Wenn Autorrechte, Patente und ähnliche Rechte einen allgemeinen Vortheil durch Anregung der Production bringen, oder wenn Forderungsrechte der Ausfluss einer anregenden Ausdehnung des Credits sind, oder wenn die Forderungsrechte allgemein brauchbare Umlaufsmittel erzeugen, so ist es deshalb doch nicht zweckmässig, solche Rechte zum Gesammtkapital zu rechnen, ebensowenig wie es zweckmässig ist, den Staat und seine Institutionen, die allgemeine Bildung und dgl. Kapital zu nennen. Solche Einrichtungen und Zustände kann man zu den Gütern rechnen, nämlich zu den freien socialen, weil der Einzelne von ihnen ohne besondere Anstrengung profitirt — nur in seiner Eigenschaft als Glied der Gesammtheit dafür etwas leistet (s. I. § 2). Aber wenn es schon eine wenig fruchtbringende Vorstellung ist, solche Einrichtungen als Güter in Betracht zu ziehen, so ist es ganz unzweckmässig sie als Kapitalgüter zu bezeichnen. Unter Kapitalgütern versteht man zweckmässiger Weise nur äussere wirthschaftliche Güter, die einem bestimmten Zwecke dienen und factisch immer Sachgüter sind. Der Staat etc. sind sehr viel werthvoller als wirthschaftliche Güter es sein können, man wird aber die richtige Würdigung und Schätzung dieser Institutionen nicht heben, wenn man sie durch die Bezeichnung Kapital in die Kategorie wirthschaftlicher Güter, die immer nur Mittel zum Zwecke sind, herabsetzt.

Alles Kapital ist dauernde Quelle von Einkommen — Stammvermögen im Gegensatz zu den Früchten — alles Kapital gewährt Sicherheit der Existenz und Macht.

Alle reellen Kapitalgüter sind Quelle von Gesammteinkommen und vermehren die Macht der Gesammtheit, alles Privatkapital ist Quelle von Sondereinkommen und verbessert die Stellung seines Besitzers.

Productivkapitalgüter sind zugleich das (factisch unentbehrliche) Werkzeug der Production, und das Verfügungsrecht über dieselben gewährt specielle Macht über kapitallose Arbeiter.

Nutzkapital kann durch den Willen des Eigenthümers gewöhnlich rasch in Productiv-Kapital verwandelt werden. Der sogenannte Lohnfond d. h. die Unterhaltsmittel der Arbeiter, über die der Arbeitgeber verfügt, oft als besonders wichtiger Theil des Kapitals aufgeführt. Man muss bedenken, dass die Löhne definitiv nicht aus Kapital sondern aus Einkommen bezahlt werden, dass die Unterhaltsmittel an sich Genussgüter und nur eventuell als dauernde Vorräthe Kapitalgüter sind. Die Löhne sind nicht ein Theil des Gesammtkapitals sondern werden nur in Geld und mit Hilfe von Privatkapitalien vorgeschossen.

Bei ordnungsgemässer Verwendung wird die Gesammtheit der zur Verfügung stehenden Kapitalgüter trotz des Wechsels der einzelnen Bestandtheile nicht vermindert, und das Privatkapital des Einzelnen wird trotz des Wechsels der einzelnen Vermögensrechte seinem Werthe nach nicht geändert.

Ueber Werth s. III, § 2. Uebrigens ist die „Erhaltung des Kapitals seinem Werthe nach" sowohl bei Kapitalgütern als bei Privatkapitalien, sowohl wenn man den Gebrauchswerth als wenn man den Tauschwerth in's Auge fasst, wegen des Mangels eines unveränderlichen Werthmasses im Laufe der Zeit kein absolut präcisirbarer Begriff, sondern kann nur annähernd constatirt werden. Der Satz im Texte will nur allgemein sagen, dass der gesammten Production die gleich nützliche Menge von Productivmitteln und dem Einzelnen ein ihn in gleicher Macht erhaltender Privatbesitz erhalten werden soll.

Die Productiv- oder Erwerbs-Kapitalgüter sind
1) selbstbewirthschaftetes oder Leih-Kapital;
2) bewegliches oder unbewegliches Kapital;

Juristische und ökonomische Eigenthümlichkeiten des Grund und Bodens und anderer Immobilien. Kein Grund, den Boden, soferne er wirthschaftliches Gut ist, vom Kapital auszuschliessen. Natürliche Stoffe kommen bei allen Sachgütern in Betracht.

3) stehendes (fixes) oder umlaufendes (flüssiges) Kapital. Flüssige Kapitalgüter sind Güter, welche bestimmt sind, nach einmaligem Gebrauche bei der Production als solche unterzugehn und dadurch die Entstehung eines neuen (mindestens gleichwerthigen) Gutes zu ermöglichen. Fixe Kapitalgüter werden öfter als einmal bei der Production in gleicher Weise gebraucht und können dabei nur allmälig durch Abnutzung untergehn, während diese Abnutzung öfters die Entstehung neuer Güter ermöglicht.

Aeltere Definitionen des Gegensatzes. — Bedeutung desselben. — Beispiele. — Beim fixen Kapital ist Veränderung der Benutzung gewöhnlich nur mit grösseren Verlusten möglich, zugleich ist dasselbe, wenn verloren, schwerer ersetzbar. Die Menschen werden daher bei relativ wachsendem fixen Kapital abhänger von ihrem Besitz.

Ob ein Gut fixes oder umlaufendes Kapitalgut ist, hängt davon ab, welchen Dienst es der Gesammtheit der wirthschaftenden Menschen nach der Bestimmung leistet, die ihm der zeitweilig Verfügungsberechtigte giebt. Der sogenannte „Standpunkt der Gesammtheit" für die wissenschaftlichen Distinctionen der Kapitalgüter allein massgebend. Geld daher fixes Kapitalgut. Der Einzelne setzt sein Eigenthum an Geld gewöhnlich einmal gegen andere Waaren um, und wenn er es gegen Eigenthum an Kapitalgütern umsetzt, so ist dieser Umsatz ein productiver Act. Da aber hiebei das Geld als solches nicht untergeht und ein mindestens gleichwerthiges neues Gut nicht gleichzeitig entsteht, sondern nur die Rechte an Geld und anderen schon vorhandenen Gütern umgetauscht werden, so ist Geld nicht umlaufendes Kapitalgut. Anders stellt sich die Sache wenn der Inhalt des Eigenthums an Geld als Theil eines Privatkapitals betrachtet wird. Hier gehört das Geld d. h. das Eigenthum an Geld meist zum Betriebskapital im Gegensatz zum Anlagekapital — ein Gegensatz der dem zwischen fixem und umlaufendem annähernd entspricht, sich aber nur auf die Privatkapitalien bezieht.

Aufzählung der wichtigsten Güterarten, aus denen das Gesammtkapital besteht. — Versuche das Kapital einer Nation zu messen. — Hiebei kann, wenn die Nation mit anderen in Verkehr steht, das Nationalkapital als Antheil am Gesammtkapital einschliesslich Forderungen aufs Ausland berechnet werden. Bei Berechnungen des Gesammtkapitals (ebenso wie des Gesammtvermögens) der Menschheit oder eines ganz abgeschlossenen Theils der Menschheit hätte man lediglich den Werth des Inhalts des Eigenthumsrechts an allen Gütern zu berechnen, die das Gesammt-Kapital (resp. Vermögen) ausmachen, — eine Grösse, die theoretisch einen Werth in Anbetracht des Vergleichs der Summe mit ihren einzelnen Theilen hat — aber auch nur für einen solchen Vergleich, da es an sich bei Gütersummen auf den (kaum messbaren) Gebrauchswerth und nicht auf den Tauschwerth der entsprechenden Waaren ankommt.

§ 7. Entstehung und Vermehrung des Kapitals.

Neuerwerb von Privatkapital durch Einzelne und Vermehrung der Totalsumme der Kapitalgüter fallen keineswegs nothwendig zusammen. Uns interessirt hier nur die Vermehrung der Kapitalgüter. Die Vermehrung der Kapitalgüter erfolgt durch Entstehung neuer Kapitalgüter ohne gleichzeitig nothwendigen Untergang alter. Wir fragen also einfach, wie neue Kapitalgüter entstehen.

Kapital, d. i. ein neues Kapitalgut, entsteht dadurch, dass ein wirthschaftliches Gut producirt und nicht zu momentanem Consum, sondern zur Verwendung bei der Production oder zu dauerndem Gebrauche bestimmt wird.

Damit dies möglich sei, dazu ist es nöthig, dass ein Mensch spart, d. h. dass Jemand eine momentane Consumtion, zu welcher er die nöthigen Mittel besitzt, unterlässt und diese Mittel direct oder indirect zur Herstellung eines neuen Kapitalguts verwendet. Der (erste) Eigenthümer des Kapitalguts ist nicht immer identisch mit dem Sparenden. Der Erfolg des Sparens kann unter Umständen vereitelt werden, der Werth des neu entstehenden Kapitals steht nicht in genauem Verhältniss zur Menge der gesparten Mittel; aber gewöhnlich entsteht Kapital in Folge von Sparen, und nie entsteht Kapital ohne dass vorher irgend Jemand gespart hat. Es giebt ein durch die Gesammtheit erzwungenes Sparen (Anlage von Steuererträgen in Staatsbahnen); unter dem herrschenden Rechtssystem aber ist das freiwillige Sparen der Individuen am wichtigsten.

Verschiedene sociale Bedeutung des Sparens der Armen und der Reichen.

Die Lehre vom Sparen in der Literatur; viele Angriffe auf diese Lehre sind nur dagegen gerichtet, dass dem Kapitalisten selbst das Verdienst des Sparens zugeschrieben wird, und dass Privatkapitalerwerb und Vermehrung der

Kapitalgüter nicht unterschieden wird. — Sparen und Kapitalentstehen beim isolirten Menschen. — Indirecte Bewirkung neuer Kapitalentstehung, wenn Jemand mit ersparten Mitteln Arbeiter bezahlt, die ein Kapitalgut herstellen, wenn Jemand fertige Kapitalgüter kauft, Forderungsrechte neu begründet oder kauft und so den Schuldner oder Verkäufer zur Herstellung des Kapitalguts in den Stand setzt. — Der Erfolg des Sparens wird vereitelt durch Misswirthschaft, durch Consumtion, durch falsche Speculation oder dadurch, dass das Ersparte sich in fictiven Werthsteigerungen schon vorhandener Waaren verliert. Oft aber wird, wenn Schuldner oder Verkäufer das Ersparte consumiren, doch früher vorhandenes Kapital erhalten. — Einfluss von Erfindungen und Verbesserungen auf den Werth des neuen Kapitals. Das einfache Ansammeln und Aufstauen von sogen. Ersparnissen ohne nützliche Verwendung resp. Anlage bewirkt natürlich noch keine reelle Kapitalvermehrung, es sei denn unter Umständen eine Vermehrung von Vorräthen oder Nutzkapitalgütern.

Fast immer erwirbt der Sparende nicht nur für sich einen dauernden Vortheil, sondern er nützt zugleich der Gesammtheit, weil die Vermehrung des Kapitals Vermehrung und Verbilligung bestimmter Producte ermöglicht.

Beweis dieses Satzes in den 2 Fällen, dass neue Arten von Kapital entstehen, und dass nur die Menge von Kapitalgütern bereits bekannter Art wächst. Die Verbilligung der Producte kann nur eintreten, wenn das Kapital stärker wächst, als die nachfragende Bevölkerung, und sie wird oft durch sogen. Werthverminderung des Geldes verdunkelt. — Das Gegentheil des Sparens die Verschwendung ist gemeinschädlich. — Redensart vom "Geld unter die Leute bringen". — Das Gemeinnützliche des Sparens liegt nicht in der Vermehrung des sogenannten Lohnfonds.

Deshalb aber ist grösstmögliches Sparen nicht unbedingte Pflicht:

1) weil das Sparen der Zukunft nützt, aber auch die Gegenwart ihre Rechte hat;

2) weil die Kapitalvermehrung zunächst materiellen Bedürfnissen dient, viele immateriellen Bedürfnisse aber, denen zu Ehren Güter consumirt werden müssen, wichtiger sind;

8) weil unbegrenztes Sparen die Genussfähigkeit zerstören und dadurch die Productionsvermehrung selbst zwecklos machen würde;

4) weil überhaupt nicht jede beliebig gesteigerte Einschränkung der möglichen Consumtion eine entsprechende Vermehrung der Kapitalgüter erzeugen kann.

Von jeder Art von Kapitalgütern kann zu jeder Zeit nur eine bestimmte Maximalmenge vernünftiger Weise existiren, d. h. verwendet werden. — Diese Maximalmenge ist durch die Zahl der vorhandenen Arbeitskräfte und Consumenten, den gegenwärtigen Stand der Technik und die Richtung der Consumtion bestimmt. Es kann vorkommen, dass angesparte Mittel schliesslich wegen effectiver Unmöglichkeit nutzbarer Anlagen unproductiv vergeudet werden, weil alle vorhandenen Arbeitskräfte schon reichlich mit Kapitalgütern versehen sind, und es kommt vor, dass angesammelte Geldsummen todt liegen bleiben, weil man bei stockendem Absatz d. h. verminderter Consumtion keine neuen reellen Kapitalanlagen wagt. — (Vermittelnde Rolle des Geldes bei Kapitalvermehrung in unserer Zeit.) — Uebrigens sind factisch die Menschen im Allgemeinen eher geneigt, zu wenig als zu viel zu sparen.

Im Fortschritt der wirthschaftlichen Cultur wird der gleichen Arbeit eine stets wachsende Menge Kapital zur Verfügung gestellt, und die erfolgreiche Arbeit wird immer abhängiger von bestimmten Mengen und Arten des Kapitals.

Jäger- und Fischer-Völker. — Nomaden. — sesshafte, Ackerbau treibende Völker. — Entwicklung der Industrie — der Grossindustrie.

§ 8. Einige besondere Fragen betreffs des Kapitals.

1) das Kapital ist das immer nöthiger und unentbehrlicher werdende Werkzeug der Production, aber das Kapital begrenzt und beherrscht die Production nicht in der Weise, dass die gegebene Menge von Kapitalgütern allein bestimmt, wieviel producirt werden kann.

Ueberschätzungen des Kapitals durch das Manchesterthum. — Nochmals Blick auf die Lehre vom Lohnfond.

Denn:

a) kann auf gleiche Mengen von Kapitalgütern ein verschiedenes Quantum Arbeit verwendet werden;

b) können Arbeit und Sparsamkeit die vorhandene Kapitalmenge sehr rasch steigern;

c) liegt es im Willen der Menschen, Genussgüter und Nutzkapitalgüter als Productivkapitalgüter zu verwenden, Productivkapitalgüter selbst gleichzeitig in mehrfacher Richtung zu benutzen.

2) Mit der Vermehrung des Kapitals pflegt eine wachsende Concentration desselben Hand in Hand zu gehn. Mit der Concentration der Kapitalgüter in einzelnen grossen gewerblichen Betrieben fällt Anhäufung von Privatkapital bei wenigen grossen Kapitalisten oft, aber nicht immer und nothwendig zusammen.

Thatsächliches über den Stand der Dinge in Landwirthschaft, Industrie und Handel. — Statistik. — Grosser, mittlerer und kleiner landwirthschaftlicher Betrieb. — Nützlichkeit der Mischung verschiedener Betriebsarten. In der Landwirthschaft die Gefahr der Unterdrückung des kleinen und mittleren Betriebs gering, wo nicht besondere Gesetze und sociale oder politische Machtverhältnisse einwirken. — Alterthum — England, Frankreich, Deutschland. — In der Industrie das Kleingewerbe durch die wachsende Grossindustrie überall eingeengt, wenn auch nicht verdrängt. — Im Handel Grosshandel und Detailhandel zu unterscheiden. — Die Unterdrückung kleiner Detailgeschäfte wenig zu beklagen.

Soweit der grosse Gewerbebetrieb mit concentrirtem Kapital in der That die Production vermehrt und verbilligt, ist derselbe nicht zu verhindern und zu beschränken. Der daraus entstehenden Gefahr des Zerfalls der Gesellschaft in Grosskapitalisten und Proletarier, des Aussterbens des Mittelstands, kann und muss begegnet werden durch Schaffung eines neuen Mittelstandes in der Grossindustrie, durch Erhaltung zertheilten Privatkapitals trotz concentrirter Benutzung der Kapitalgüter.

Heranbildung gelernter, höher gelohnter Arbeiter. Erwerb von Eigenthum an Häusern, angelegten Ersparnissen etc. durch Arbeiter. — Mögliche Wirkungen der Association (s. Abschn. IV. § 3 u. 5.) z. Z. nicht zu überschätzen.

3) Die Maschine als eine besondere Art stehenden Kapitals, ist wie jede Art von Kapitalgütern der Gesammtheit nützlich und kann einzelne Kategorien von Arbeitern nur vorübergehend in Noth versetzen. Immer kann nur die Vertheilung der Rechte der Einzelnen an den Kapitalgütern, nicht das Gesammtkapital selbst oder ein Theil desselben sociale Schäden erzeugen.

Ansichten über die Maschine in der Literatur. Uebliche Gründe für die Maschine. Zusammenhang der Frage der Maschinen mit der Frage der Arbeitszeit.

III. Abschnitt.
Lehre vom Verkehr.

§ 1. Verkehr und Transport.

Alle charakteristischen Erscheinungen des heutigen Verkehrs lediglich Folgen des Sondereigenthums und der Vertragsfreiheit. Erinnerung an die Einwirkung einer verschiedenen Gestaltung des Vermögensrechts auf die wirthschaftlichen Verhältnisse.

Der Verkehr oder die Uebertragung von Vermögensrechten (Waaren) (s. I, § 5) ist mit Ortsveränderung von Gütern nicht nothwendig verbunden. In vielen Fällen ist aber die Möglichkeit solcher Ortsveränderung Voraussetzung des Verkehrsgeschäfts. Diesen Ortsveränderungen dienen die Transportmittel (auch Verkehrswege und Verkehrsanstalten genannt), welche damit indirect auch den Verkehr selbst beleben. Dieselben werden deshalb oft zu den Verkehrsmitteln im weiteren Sinne gerechnet, unter denen man im engeren Sinne die den Verkehr direct unterstützenden und anregenden Einrichtungen des Geldes und Credits versteht. Die wirthschaftliche Lehre vom Verkehr hat zu behandeln die bei Vermögensrechtsübertragungen auftretenden Erscheinungen vom Werth und Preis, und die Verkehrsmittel im engeren Sinne. Die Transportmittel als indirecte Hebel des Verkehrs sind zwar nicht nur von technischer, sondern auch von wirthschaftswissenschaftlicher Seite her sehr interessant, werden aber von letzterer Seite her am besten in der Finanzwissenschaft oder Verwaltungslehre besprochen.

Soweit es sich nicht um Technik hiebei handelt, ist die Frage wer Strassen, Canäle, Eisenbahnen bauen, und unter welchen Bedingungen die Benutzung dieser unter allen Umständen „öffentlichen" Anstalten stattfinden soll, die wichtigste. (Tariffrage!) — Je nach den Bedürfnissen der Studenten kann übrigens ein § über Strassen und Bahnen und ihre Wirkungen eingeschaltet werden.

§ 2. Werth und Preis.

Werth im allgemeinsten Sinne des Wortes ist die Bedeutung, die ein Mensch irgend einem Gegenstand seiner Wahrnehmung in Hinblick auf irgend einen von ihm gedachten Zweck zumisst.

Anschluss an den Sprachgebrauch bei dieser Definition. — Dagegen andere Definitionen, die gleich einen Lehrsatz über die Werthbemessung enthalten. — Werth in diesem Sinne haben nicht nur Sachen, sondern auch Ereignisse, Erscheinungen, Zustände, selbst noch unveröffentlichte Gedanken: daher der allgemeine Ausdruck: Gegenstand der Wahrnehmung.

Da die Wirthschaftslehre nicht alle Gegenstände der Wahrnehmung und nicht alle menschlichen Zwecke der Betrachtung unterwirft, so ist Werth in dem erwähnten allgemeinsten Sinn kein technischer Begriff in unserer Disciplin. Ein solcher aber ist

1) der Gebrauchswerth der Güter,

2) der Tauschwerth der Waaren (übertragbaren Vermögensrechte an wirthschaftlichen Gütern).

Gebrauchswerth und Tauschwerth beide Unterarten des Werths im allgemeinsten Sinne des Worts, unter einander aber Gegensätze, weil zwar das Tauschen eine Art des Brauchens ist, und man die Waaren als eine Unterart der Güter im weitesten Sinne des Wortes auffassen kann, aber jedenfalls wirthschaftliche Güter und Waaren (oder Inhalt der Rechte an wirthschaftlichen Gütern) begrifflich Gegensätze sind.

Der Gebrauchswerth ist die Bedeutung, die ein Mensch einem Gute im Hinblick auf den Zweck der Befriedigung eines menschlichen Bedürfnisses zuschreibt resp. zumisst.

Gebrauchswerth = zugemessene Brauchbarkeit (s. I, § 2).

Der Gebrauchswerth stets eine subjective Vorstellung eines Menschen. Mit der Erkenntniss vorhandener Brauchbarkeit verbindet sich stets sofort die Tendenz den Gebrauchswerth von verschiedenen Mengen desselben Guts oder von verschiedenen Gütern mit einander zu vergleichen und zu messen. — Mengen- und Gattungswerth. Aber auch die Schätzung des Gattungswerths eines Guts für die Bedürfnisse der Menschen im Allgemeinen beruht auf subjectivem Urtheil und kann ausser in besonderen Ausnahmsfällen weder exact noch so ausgeführt werden, dass sie eine objective Gültigkeit für alle Menschen beanspruchen könnte. Die vergleichende Messung der Gebrauchswerthe hat theoretisch überhaupt nur einen Sinn bei Gütern, die der Befriedigung desselben Bedürfnisses dienen — den Gebrauchswerth von Luft und Diamanten vergleichen wollen ist überhaupt sinnlos —; aber auch in dem genannten Falle ist eine exacte objectiv giltige Werthschätzung fast immer unmöglich, weil verschiedene Güter dasselbe Bedürfniss nicht nur quantitativ, sondern auch qualitativ verschieden befriedigen, und weil das gleiche Bedürfniss bei verschiedenen Menschen doch individuell verschieden empfunden wird.

Versuch der Aufstellung ökonomischer Aequivalente. — Aus den angeführten Gründen der Gebrauchswerth ein in der Wirthschaftslehre nicht sehr viel und namentlich nicht zu vielen Folgerungen benutzter Begriff.

Es giebt an und für sich so (unendlich) viele Arten des Gebrauchswerths, als es Arten von Bedürfnissen giebt. Wichtiger als der Gebrauchswerth der Güter ist der Tauschwerth der Waaren, oder die Bedeutung die einer Waare zugemessen wird im Hinblick auf den Zweck, möglichst viele andere Waaren dafür einzutauschen.

Die Wichtigkeit des Tauschwerths beruht auf dem herrschenden Vermögensrechtssystem und auf der Arbeitstheilung. Der Tauschwerth kommt allen Waaren in gleichartiger Weise zu, weil die Waaren überhaupt im Gegensatz zu den wirthschaftlichen Gütern eine gleichartige Masse von Gegenständen des Verkehrs bilden. Der Sprachgebrauch verwechselt gewöhnlich Waare und Gut und spricht von „Austauschen der Güter", wo im Grunde ein Austausch von Vermögensrechten namentlich von Eigenthum an Gütern stattfindet.

Die obige Definition der Waare im Gegensatz zum Gut ist allerdings eine Neuerung, aber zweckmässig um wissenschaftliche Klarheit zu erreichen. Auch thut die Definition dem Sprachgebrauch nicht viel Gewalt an, sondern präcisirt ihn nur, weil der Sprachgebrauch bei dem Worte Waare selbst immer an die Güter als Objecte des Handels denkt (s. I. § 5). Der Inhalt des Eigenthums an Sachgütern kommt am häufigsten als Waare vor, und in diesem Fall liegt die Verwechslung von Gut und Waare am nächsten. Es ist aber klar, dass auch der Inhalt von Forderungsrechten etc. sowie des exclusiven Verfügungsrechts über Dienstleistungen als Waaren in Betracht kommen.

Die Höhe des Tauschwerths einer Waare beruht nicht auf subjectiver Schätzung, hängt auch nicht von der Leichtigkeit der reellen Ausführung eines Austauschs überhaupt ab, sondern sie steigt und sinkt mit der Menge dessen, was man jetzt wirklich für das Hingegebene eintauschen kann.

Der Preis einer (hingegebenen) Waare ist die factisch dafür erworbene Quantität einer anderen Waare.

Der Preis jeder Waare kann in Quantitäten jeder anderen ausgedrückt werden.

Wird der Preis in Eigenthum an einer bestimmten Quantität desjenigen Gutes ausgedrückt, welches factisch als allgemeines Tauschmittel dient, so ist dieser Preis der Geldpreis.

Der Preis ist die concrete und objectiv gegebene Thatsache, welche die abstracte und an sich subjective Vorstellung vom Tauschwerth zwingend bestimmt.

Da der Geldpreis die praktisch wichtigste Art des Preises ist,

da der Preis die Anschauung über Tauschwerth beherrscht,

da der Tauschwerth die heute praktisch wichtigste Art des Werths ist,

da in den factisch wichtigsten Fällen der Eigenthumsübertragung Waare und Gut nach dem Sprachgebrauch zusammenfallen:

so verwechselt die Sprache oft die Worte: Werth, Tauschwerth, Preis, Geldpreis. Der (Geld)preis der Waaren ist Dasjenige, was vor Allem untersucht werden muss.

Zwecklose Unterscheidungen zwischen wahrem oder natürlichem Preis und Marktpreis. — Ist der Geldpreis aller Waaren bekannt, so ist der Preis aller Waaren untereinander direct in exacter Messung vergleichbar.

Der Preis einer Waare ist keine dauernde Eigenschaft der Waare, sondern genau genommen nur eine momentan die Waare betreffende Erscheinung. Eine Waare hat einen Preis eigentlich nur im Momente des Austauschs. Man überträgt aber den von einer Waare einmal erzielten Preis auch auf zur Zeit nicht verkaufte Waaren gleicher Art für eine längere oder kürzere Zeit unter der Annahme, dass im Falle des Verkaufs der gleiche Preis erzielt werden würde.

Taxationen. — Durchschnittspreise. — Curse.

Der Geldpreis einer Waare zeigt die vergleichsweise Kaufkraft an, welche die Waare gegenwärtig gegenüber dem gesammten Waaren- resp. Gütervorrath gewährt.

Preise als Mass der ökonomischen Macht des einzelnen Inhabers von Vermögensrechten in der Gesammtheit und gegenüber der Gesammtheit —

aber nur ein Mass zum Vergleich solcher Macht in einer bestimmten Zeit, kein absolutes Mass. — Auch die Summe des Preises verschiedener Waaren hat nur einen Sinn, wenn eine solche Summe mit einer anderen verglichen wird. Falsche Idee eines absoluten und unveränderlichen Preismasses. Unbefriedigbares Verlangen des Menschen nach absolut festen Punkten in dem ewig Schwebenden und Bewegten.

Wenn eine Waare (d. h. das Eigenthum an einem als allgemeines Tauschmittel gebrauchten Gut) als Geld zur Preisvergleichung aller anderen gebraucht worden ist, so ist eine bestimmte Quantität dieser Waare die angenommene Einheit, die dazu diente, um in Multiplen derselben den Vergleich der Preise aller anderen Waaren darzustellen. Das Geld selbt hat keinen Preis im eigentlichen Sinne des Wortes.

Sowie man dem Geld selbst einen Preis giebt, hört es auf Geld zu sein, und die andere Waare, in deren Quantitäten der Preis ausgedrückt ist, wird Geld. — — —

Allgemeine Wichtigkeit des Preises in unserer Zeit. Diese beruht einfach auf der Wichtigkeit der Waaren im Gegensatz zu den Gütern selbst; doch giebt es auch heute noch Güter, bei denen entsprechende Waaren nicht existiren, und betreffs deren daher nur ihr Gebrauchswerth, kein Preis einer Waare in Betracht kommt. Daher gehören freie Güter, unentgeltliche Dienstleistungen an Einzelne, sowie höhere Dienstleistungen, für die zwar Etwas bezahlt wird, aber so dass diese Bezahlung für den Leistenden wie die Geniessenden mehr Nebensache ist, so dass die (entgeltliche) Verfügung über diese Dienstleistungen als Waare wenig Interesse darbietet.

§ 3. Preisbestimmungsgründe.

Die Höhe der Preise wird entweder bestimmt durch Zwang einer höheren Gewalt, d. h. durch Gesetz (Statut etc.) oder obrigkeitliche Taxe — oder aber durch freien Vertrag der Parteien. —

Gegenwärtige Häufigkeit der beiden Fälle; der letztere Fall nicht der absolut natürliche. — Ein Fall des modificirten freien Vertrags, der sich schon dem Zwange nähert, ist der, dass die Parteien organisirt sind durch freie Vergesellschaftung, und die rechtmässigen Organe dieser Verbände den Preis feststellen. Der Fall des Zwanges zerfällt wieder in den Fall des Zwanges zum Austausch und des Zwanges zu bestimmtem Preis im Falle des frei gewollten Austauschs. Der Fall des freien Vertrags ist der, den die Theorie des Preises heute zunächst voraussetzen muss, jedoch unter beständiger Berücksichtigung der Frage, inwieweit die Freiheit des Vertrags beschränkt werden soll.

Ueber die Namen der Parteien: „Käufer und Verkäufer".

Im Falle des Vertrags hängt die Höhe des Preises ab
    von der Stärke des Wunsches des Verkäufers, die Waare
        zu verkaufen (Angebot),

von der Stärke des Wunsches des Käufers, die Waare zu erlangen (Nachfrage),

und von dem Schein der Stärke dieser Wünsche, der bei der Gegenpartei erweckt wird.

Wenn es sich um selten verkaufte eigenartige Waaren handelt, oder wenn besondere individuelle Verhältnisse der Parteien in Betracht kommen, so sind Angebot und Nachfrage und damit der Preis im einzelnen Falle gänzlich unberechenbar und keiner Regel unterworfen.

Liebhaberpreise — Nothpreise — Fall der Liberalität etc. — Gegensatz von Zufall und Gesetz, d. h. von Erscheinungen mit unbekannten und (annähernd) bekannten Ursachen.

Bei Waaren aber, die beständig massenhaft in gleicher Art gewerbsmässig umgesetzt werden, lassen sich gewisse allgemeine Ursachen erkennen, welche die Stärke von Angebot und Nachfrage bestimmen — Preisbestimmungsgründe. Diese Ursachen wirken bei allen Verkäufern und Käufern derselben Waare, die von einander Kenntniss haben und im Zusammenhang miteinander stehen, so, dass auch der Preis im einzelnen Falle sich dem Resultate der **Durchschnittsstärke** von Angebot und Nachfrage möglichst nähert.

Angebot und Nachfrage deshalb keine blind waltenden Naturkräfte, denen sich die einzelnen Menschen willenlos unterwerfen müssen, sondern Resultanten vieler individuellen Willensacte. Jedes einzelne Geschäft beeinflusst den Durchschnitt; Abweichungen davon innerhalb gewisser Grenzen unvermeidlich.

Die wichtigsten Preisbestimmungsgründe auf Seiten der Nachfrage sind:

1) Die Dringlichkeit des Bedürfnisses, zu dessen Befriedigung die Waare bei den Käufern dienen soll.

Hervortreten dieses Preisbestimmungsgrundes namentlich bei Nahrungsmitteln. — Preisschwankungen des Getreides. — Theuerungspolitik.

2) Die Zahlungsfähigkeit der Kauflustigen.

Begriff der „effectiven Nachfrage". Die Zahlungsfähigkeit je nach der Art der Waare durch das Einkommen oder Kapital der Kauflustigen bestimmt. Deutliches Hervortreten dieses Preisbestimmungsgrundes bei entbehrlicheren Waaren und in Zeiten starker Kapitalvermehrung. Erhöhung der Zahlungsfähigkeit durch Credit.

Beide Preisbestimmungsgründe bestimmen die mögliche Maximalhöhe des Preises und steigern denselben, wenn keine anderen Einflüsse entgegenwirken.

Die Stärke des Angebots hängt hauptsächlich ab:

1) Von der Brauchbarkeit der Waare für den Verkäufer im Falle er die Waare behielte.

Dieser Grund nicht immer wirksam. Der Hermann'sche Grund: „Tauschwerth des Preisguts" bezieht sich nur auf den nominellen Preis, nicht auf die vergleichsweise Kaufkraft, die durch die Waare erworben wird.

2) Von den Selbstkosten der Verkäufer, d. h. von der Summe des Preises derjenigen Waaren oder Waarentheile (d. i. Bestandtheile des eigenen Vermögens der Verkäufer), welche die Verkäufer verloren oder abtraten, um die zu verkaufende Waare zu erlangen.

Selbstkosten nicht identisch mit Productionskosten im üblichen Sinne. In den Selbstkosten steckt kein Ersatz für eigene Arbeit und eigene Kapitalnutzung, d. h. kein Einkommen.

Verkauf unter den Selbstkosten ist gleich positivem Verlust. Jeder Verkäufer strebt daher danach und richtet sich vorher so ein, dass er möglichst über den Selbstkosten verkaufen kann, was aber ausnahmsweise nicht erreicht wird.

Die beiden Preisbestimmungsgründe auf Seiten des Angebots zeigen die Minimalgrenze an, bis zu welcher der Preis in gewöhnlichen Fällen und im Durchschnitt vieler Fälle sinken kann.

Die durchschnittliche Stärke der angegebenen 4 Preisbestimmungsgründe bestimmt die Zahl der Nachfragenden und Anbietenden sowie die Menge der von ihnen zu einem bestimmten Preise begehrten resp. angebotenen Waaren. In diesen äusserlich gegebenen Thatsachen kann man die Gesammtstärke der erstgenannten (subjectiven) Preisbestimmungsgründe erkennen, und sie wirken zugleich als 2 weitere selbstständige Preisbestimmungsgründe in der Weise, dass der Preis, zu dem sich ein einzelner Käufer oder Verkäufer entschliesst, von der gesammten Lage der Dinge auf Seiten der Gegenpartei abhängt.

Der Preis wird nicht auf die Selbstkosten sinken, wenn viele Käufer mehr zu zahlen bereit sind, er wird nicht zur Grenze der Zahlungsfähigkeit steigen, wenn viele Verkäufer billiger verkaufen wollen. (Anderweitige Anschaffungskosten.) Die Zahl der Nachfragenden und Anbietenden, unter denen man die Wahl hat, wird dabei von selbstständiger Bedeutung.

Wir nennen die Menge der auf einem Markt auftretenden Verkäufer und die erkannte resp. scheinbare Stärke ihres Wunsches, bestimmte Vorräthe sicher überhaupt zu verkaufen, **Concurrenz der Verkäufer**,

dagegen die Menge der auf einem Markte Nachfragenden und die Stärke ihres Wunsches, bestimmte Quantitäten einer Waare zu einem Maximalpreis zu erlangen, **Concurrenz der Käufer**.

Die Concurrenz der Verkäufer wirkt als Preisbestimmungsgrund für die Nachfrage, die Concurrenz der Käufer als Preisbestimmungsgrund für das Angebot, je stärker die erstere, desto mehr sinkt, je stärker die letztere, desto mehr steigt der Preis.

§ 4. **Concurrenz und Monopol.**

Es giebt keine ganz unbeschränkte Concurrenz, da stets der Markt seine Grenzen hat. Diese Grenzen sind bedingt durch die Transportkosten, dadurch, dass fast bei allen Waaren die Beschränktheit der nöthigen natürlichen Stoffe schliesslich wirkt, ferner dadurch, dass die gegenseitige Kenntniss aller Producenten und Consumenten stets beschränkt ist, dass die Qualitätsunterschiede der Waaren von Einfluss sind. Es giebt aber auch keinen völligen Ausschluss der Concurrenz der Verkäufer, da immer wenigstens die Concurrenz von Surrogaten möglich ist, und ein völliger Ausschluss der Concurrenz der Käufer kann nur unter ganz exceptionellen Verhältnissen eintreten.

Fasst man vorzugsweise die Concurrenz der Verkäufer ins Auge, so ist deren möglichste Audehnung in dubio wünschenswerth im Interesse einer reichen und billigen Production. Fälle einer exceptionell starken Beschränkung der Concurrenz nennt man Monopol.

Freie Concurrenz und Monopol keine scharfen Gegensätze, sondern Gradunterschiede. Den Grundbesitz ein Monopol zu nennen, ist irreführend.

Es giebt

1) **natürliche Monopole**, die durch die rechtliche Verfügung über seltene, in ihrer Art einzige und nicht oder nur sehr schwer vermehrbare Güter entstehen.

Edelsteine, Antiquitäten, Kunstwerke — seltene Anlage eines Sängers etc.

2) **Oekonomische Monopole**, die einfach dadurch entstehen, dass Jemand ein gewisses Unternehmen zuerst angefangen hat und durch seine Priorität die Concurrenz Anderer erschwert.

Fall der Eisenbahnen und anderer Transportanstalten.

3) **Rechtliche Monopole**, die entstehen, indem die Staatsgewalt die Concurrenz beschränkt.

Finanzmonopole, Schutzzölle, Patente, geschlossene Zünfte etc.

Die natürlichen und ökonomischen Monopole erfordern unter Umständen Eingriffe des Staats zum Schutz der Consumenten gegen Ausbeutung durch das Monopol.

Frage ob nicht der Staat diese unvermeidlichen Monopole sich selbst vorbehalten soll. — Tarife und Preistaxen.

Die rechtlichen Monopole sind nicht unter allen Umständen verwerflich, weil die Concurrenz nicht nur durch den Staat beschränkt sein kann, und weil grösstmögliche Ausdehnung der Concurrenz nicht in jeder Hinsicht wünschenswerth ist.

Die rechtlich unbeschränkte Concurrenz ruft oft nur ein factisches Monopol der Reichsten hervor. Verschlechterung der Waaren und Unsicherheit der Existenz bei möglichst unbeschränkter Concurrenz — Aleatorischer Charakter der heutigen Production — Ausarten der Concurrenz in Anarchie. — Finanzmonopole unter Umständen die mildeste Form der Steuer. Unter Umständen kann ein rechtliches Monopol z. B. ein zeitweilig gerechtfertigter Schutzzoll, die Starken im Interesse der Gesammtheit stärken ohne die Schwachen dauernd zu beeinträchtigen.

Da die Ausdehnung der Concurrenz der Käufer hohe, die Ausdehnung der Concurrenz der Verkäufer niedrige Preise sichert, so hat jede Partei das natürliche Interesse, ihre eigene Concurrenz einzuschränken, die der Gegenpartei auszudehnen. Aus diesen Interessen ergeben sich Handlungen und Einrichtungen, die theils im allgemeinen Interesse liegen, theils nur Sonderinteressen der einzelnen Parteien und der einzelnen ihnen angehörenden Personen dienen (harmonische und streitende Interessen). Es ist Aufgabe des Staats den Wettkampf der streitenden Interessen dahin zu beeinflussen, dass den individuellen Kräften der Spielraum zu möglichst vollkommener Entfaltung nicht fehlt, diese aber an gemeinschädlicher Unterdrückung und Ausbeutung der Mitbürger gehindert werden.

Das Streben jeder Partei, die Concurrenz der Gegenpartei auszudehnen, macht sich zumeist in gemeinnützlicher Weise geltend: Ausdehnung des Markts, Verbesserung der Transportanstalten und der Verkehrsmittel. — Grosse Wahrheit, dass jeder Stand und jede Nation an dem Wohlergehen der anderen (ihrer Abnehmer) interessirt ist. — Streben nach Freihandel bei industriell entwickelten und zurückgebliebenen Völkern. Geist der Handelsverträge seit 1860.

Das Streben jeder Partei, ihre Concurrenz zu beschränken, dagegen zeigt streitende Interessen. Streben nach Schutzzöllen, Realrechten, geschlossenen Zünften, exclusiv städtischem Gewerbebetrieb etc. Beschränkungen der

Freizügigkeit und des Absatzes. Verdrängen von Concurrenten durch zeitweiligen Verkauf mit Verlust. Ausschluss neuer Concurrenten von gemeinsamen Anstalten. Verabredungen der Käufer und Verkäufer über den Preis. Die Verkäufer gewöhnlich die stärkere Partei. Exceptionelle Lage der Dinge beim Verkauf von Arbeitsleistungen.

Der Kampf individueller Kräfte und Interessen als Mittel zur Stärkung der Kräfte kann aus der Welt nicht verbannt werden. Die Frage, welche Schranken ihm zu setzen seien, fällt zusammen mit der Frage der Organisation der Gewerbe. Vielfältige Anfänge solcher Organisation durch Association und Coalition. Diese stellen stets eine Beschränkung der Concurrenz dar; es muss gestrebt werden, dass dieselben nicht nur Organisationen des Kampfes der Parteien sind, sondern im Dienste des Gesammtwohls stehen. — Solche Beschränkungen der freien Concurrenz zugleich Beschränkungen des Princips des freien individuellen Vertrags. — Egoismus und Gemeinsinn. — Staat und Gesellschaft. — Socialismus und Individualismus. — Langsame Entwicklung neuer Ordnungen. Diese Ordnungen der „wirthschaftlichen Selbstverwaltung", d. h. Verwaltung der eigenen Interessen unter der Aufsicht und Controlle des Staats und in der Tendenz dem Gesammtwohl zu dienen, ein natürliches Correlat der modernen politischen Selbstverwaltung.

§ 5. Gesammtresultat der Preisbestimmungsgründe.

Das Wirken der einzelnen Preisbestimmungsgründe wird hauptsächlich bei Eintreten von Preisänderungen erkannt; es wird verlangsamt und beschränkt durch die Macht der Gewohnheit, verdunkelt durch sogenannte Werthänderung des Geldes. Die von ethischen Gesichtspunkten getragene Gewohnheit wird zur Sitte, welche gleich dem Recht das Spiel der freien Interessen beschränkt.

Die künftige Gestaltung der Preise ist nur annähernd und mit einer gewissen Wahrscheinlichkeit vorher und zwar namentlich durch Beobachtung der Wechsel in der beiderseitigen Concurrenz erkennbar.

Es giebt keine einfachen Naturgesetze des Preises. — Ueber Wahrscheinlichkeit und Gesetzmässigkeit.

Den künftigen Preis vorher zu bestimmen, ist mit sicherem Erfolg nur möglich durch Zwang der Staatsgewalt oder durch Organisationen der Interessenten.

Wenn solcher Zwang und solche Organisationen fehlen, so kann die Gesammtheit der Anbietenden auf den künftigen Preis bestimmend einwirken, insoweit als es gelingt, dass das Angebot den erkannten Wechseln in der Concurrenz der Nachfrage entsprechend sich einschränkt oder ausdehnt. Je freier die Concurrenz des Angebots, desto stärker ist die Tendenz, dass alle Verkäufer im Preise den relativ gleichen Ueberschuss über ihre Selbstkosten, d. h. das gleiche Einkommen im Verhältniss zu Arbeit und Kapital erzielen. Diese Tendenz erreicht aber ihr Ziel nur sehr unvollkommen.

Falsche Behauptung, dass die freie Concurrenz das angedeutete Ziel mit Nothwendigkeit wirklich erreiche: dem stehen entgegen die höchst verschiedene Lage der einzelnen Verkäufer, die Unmöglichkeit die Nachfrage richtig zu erkennen und zu berechnen, der Mangel gegenseitiger Kenntniss ihres Verhaltens bei den Producenten untereinander (Uebersspeculation), die factische Unmöglichkeit für das Angebot sich immer rasch auszudehnen und einzuschränken (fixes Kapital und Werthänderungen desselben, Gewohnheit, erlernte Fertigkeiten). Diese entgegenstehenden Ursachen nehmen trotz zunehmenden Freihandels etc. an Kraft nicht ab. — Conjunctur. —

Wenn diese Tendenz ihr Ziel erreichen würde, so wären die Preise im Falle sogen. freier Concurrenz in der That gleich den Productionskosten, d. h. gleich den Selbstkosten plus dem durchschnittlichen Einkommen. In der That aber ist es nicht möglich die Preise auf eine einfache Ursache zurückzuführen, sondern sie sind das complicirte Product verschiedener Ursachen, welche die Menschen als isolirte Interessenten nur sehr theilweise und annährend vorher erkennen und beeinflussen können.

Die Lehre von den Productionskosten als Mass und einzigem Bestimmungsgrund des natürlichen Preises schon gerichtet dadurch, dass sich die Fälle der freien Concurrenz und der beliebigen Vermehrbarkeit der Waare nicht scharf ausscheiden lassen, und durch die oben erwähnten der freien Concurrenz entgegenstehenden Kräfte. Es müsste übrigens, auch wenn die wechselnden Marktpreise sich nur um den natürlichen Preis nach der Regel des Durchschnitts gruppiren sollen, erst der unerbringliche Beweis aus den Thatsachen erbracht werden. Ferner sprechen gegen diese Lehre noch andere Gründe. Es ist die Frage, die Kosten von welchen der verschiedenen Producenten massgebend sein sollen: Lehre von den Productionskosten unter den ungünstigsten Bedingungen und von den Reproductionskosten. Der Fall, dass derselbe Productionsprozess verschiedene Waaren liefert, ist zu berücksichtigen. Insbesondere aber ist zu bemerken, dass die Productionskosten keine unabhängig vom Preise gegebene Thatsache sind. Denn die voraussichtlichen Preise wirken auf die vernünftiger Weise aufwendbaren Selbstkosten, der „durchschnittliche Lohn, Zins und Gewinn" aber sind durchaus wechselnde Grössen, die ihrerseits ganz von den erzielten oder erhofften Preisen abhangen.

Am wenigsten ist es richtig, die Preise oder Werthe im letzten Grunde auf das Mass der Hervorbringungsarbeit zurückzuführen.

Darstellung dieser Lehre namentlich bei Ricardo, Rodbertus und Marx.

Widersprüche in der speciellen Fassung und Auslegung des Satzes bei den neueren Socialdemokraten. Der Satz von der Hervorbringungsarbeit als alleinigem Werthmaass kommt in doppeltem Sinne vor; entweder als **Behauptung** dass die jetzigen Preise der Waaren im letzten Grunde und im Durchschnitt durch das Mass der Hervorbringungsarbeit bestimmt werden, oder als **Postulat**, dass nach diesem Massstab die Waaren umgesetzt und die Güter vertheilt werden **sollen**. Bei vielen Schriftstellern werden die Behauptung und das Postulat durcheinander gemengt so namentlich bei Rodbertus. Als Behauptung ist der Satz absolut falsch; er widerspricht sogar der Lehre von den Productionskosten, ist völlig unbeweisbar, da man das auf jede einzelne Waare fallende Quantum von Arbeit praktisch nicht kennt, und ist nachweislich unwahr in all denjenigen (zahlreichen) Fällen, in denen die Seltenheit eines natürlichen Stoffs bei der Production in Betracht kommt. Wäre der Satz aber richtig, so wäre dann allerdings die Consequenz der Socialdemokraten, nämlich die behauptete Unnatürlichkeit des Einkommens von Besitz, als **Consequenz** richtig. Es ergiebt sich daraus, dass der ganze Satz im Grunde nur als Postulat aufgestellt und nur sophistischer Weise auch als Behauptung benutzt wird.

Als Postulat ist der Satz der Ausfluss eines unbestimmten und undurchdachten Gerechtigkeitsgefühls und die natürliche Grundlage der von den Socialdemokraten verlangten Gütervertheilung ausschliesslich nach den Leistungen. Er ist der Grundstein der ganzen socialdemokratischen Theorie und muss in dieser Eigenschaft unbedingt als Postulat aufgefasst werden, während er in der älteren Nationalökonomie (Ricardo) sich als eine irrthümliche oder sophistische Consequenz des Naturrechts eingeschlichen hat, mit der Lehre, welche das Eigenthum auf Arbeit basirt, zusammenhängt, und deutlich zeigt, wie das Naturrecht des vorigen Jhdts. in der Nationalökonomie zum Dienste des Kapitalinteresses verwendet, sich selbst durch seine nothwendigen Consequenzen widerlegt.

Das Postulat an sich ist unausführbar, weil es an jedem allgemein gültigen Massstab zur Abmessung verschiedenartiger Arbeiten fehlt, und weil ein absoluter Zwang zur Ausführung verschiedener Arbeiten praktisch damit unvermeidlicher Weise verbunden werden muss. Das Postulat ist aber auch innerlich unhaltbar und ungerechtfertigt. Wenn man es mit der Gerechtigkeit Ernst nimmt, so entsteht die Frage ob die seltenere und nützlichere oder nur die unangenehmere und individuell mühevollere Arbeit höher geschätzt werden soll, und man kommt zuletzt nothwendig dazu, alle Arten von Arbeiten nach der Arbeitszeit gleich zu schätzen und zwangsweise den Fähigen aufzulegen. Das zu Grunde liegende Gerechtigkeitsgefühl aber ist nicht nur unbestimmt und unterliegt subjectiv willkürlicher Auslegung, sondern es entspringt seinerseits der beschränkt materialistischen und falschen Anschauung, dass das Glück des Menschen allein durch das Mass der vom Einzelnen genossenen wirthschaftlichen Güter bestimmt werde, dass solcher Genuss der einzige oder Hauptzweck alles menschlichen Thuns sei (s. IV § 1). Die Theorie der Socialdemokratie kann mit Erfolg nur bekämpft werden, wenn man die grundlegende Werthlehre principiell widerlegt, nicht wenn man einzelne Consequenzen angreift.

§ 6. **Bedeutung der Preise in der Gegenwart.**

Der Preis einer Waare wird für den berechtigten Inhaber um so wichtiger:

1) Je mehr die Principien der Freiheit der Personen, des Sondereigenthums und der Vertragsfreiheit entwickelt sind.

Die Verfügung über Dienstleistungen von Sklaven, Leibeigenen, Hörigen, selbst von Frohnarbeitern, sowie über die Producte solcher Arbeitenden gewinnen keinen Preis, wenn das Geleistete vom Herrn verzehrt wird.

An das Gesammteigenthum, auch wenn es sich nur auf Kapitalgüter bezieht, knüpft sich eine Consumtion ohne vorherige Uebertragung von Vermögensrechten, wohingegen die wachsende Ausbildung des Sondereigenthums auch an Grund und Boden selbst hier den Preis immer wichtiger macht. Die Vertragsfreiheit fördert die Menge der Umsätze. — Historische Vergleiche.

2) Je mehr die Arbeitstheilung entwickelt und der Verkehr durch Transport- und Verkehrsmittel erleichtert ist.

Natural-, Geld-, Credit-Wirthschaft. Erklärung dieser Schlagworte.

3) Speciell sind von Einfluss das Erbrecht sowie die Gewohnheiten des Volks in Bezug auf die Neigung zum Berufswechsel.

Geringer Umsatz von Kapitalgütern, wenn die Kinder regelmässig das Geschäft der Eltern fortsetzen etc.

Noch heute bestehen zwischen den einzelnen Waarenarten grosse Unterschiede in Bezug auf die Leichtigkeit und Sicherheit der Uebertragung und Preisgewinnung. Je grösser diese Leichtigkeit ist, eine desto schlagfertigere Macht gegenüber dem gesammten Waarenvorrath gewährt die Waare ihrem Inhaber.

Fixe Kapitalien, umlaufende Kapitalien. — Die schlagfertigste Macht gewährt Geld. Curshabende Waaren.

Die wachsende Mobilisirung aller Waaren, d. h. die zunehmende Häufigkeit und Leichtigkeit ihres Umsatzes ist im Allgemeinen vortheilhaft insoweit, als dadurch die Güter möglichst in die Hand Desjenigen kommen, der sie am nothwendigsten und besten braucht.

Dies trifft nicht zu wenn die Leichtigkeit des Verkaufs zu Misswirthschaft führt, bei Nothverkäufen etc. etc. Bemerkung, dass unter dem einseitigen Speculiren auf den Preis die Qualität der Producte Schaden leiden kann. — Anderseits nimmt die Unabhängigkeit der Menschen von ihrem Besitz bei wachsender Mobilisirung zu. Die Zunahme der Umsätze ist immer dann nicht gemeinnützlich, wenn dadurch im letzten Erfolg keine Erhöhung der subjectiven Brauchbarkeit von Gütern bewirkt wird, sondern lediglich ein Wetten und Jagen nach dem grössten individuellen Antheil am Gesammtvermögen (auf Kosten Anderer) stattfindet. Es sollte als allgemeiner Grundsatz anerkannt werden, dass jede gewerbliche Thätigkeit, die **ausschliesslich** den letzteren Zweck verfolgt, als unehrenhaft gilt.

Unter den für das Gesammtwohl nicht vortheilhaften Umsätzen spielen eine hervorragende Rolle die Differenzgeschäfte, bei denen der Käufer den wirklichen Gebrauch oder Verbrauch des Gekauften gar nicht beabsichtigt, sondern lediglich eine Wette über den künftigen Durchschnittspreis (Curs) vorliegt.

Spiel und Wette. Hauptsitz der Differenzgeschäfte die Börse. Definition der Börse. Börsenfähige Waaren. Unentbehrlichkeit der Börsen. Unmöglichkeit die als Differenzgeschäfte beabsichtigten Geschäfte von anderen Zeitgeschäften durch äussere Merkmale zu unterscheiden. Die nachträgliche Verwandlung eines Lieferungsgeschäftes in ein Differenzgeschäft sogar oft nützlich. Die schädlichen von Anfang an als solche beabsichtigten Differenzgeschäfte können nicht direct verboten sondern nur durch indirekt wirkende Mittel beschränkt werden.

§ 7. Eine **Krisis** oder Handelskrisis im allgemeinen Sinne des Wortes ist die in ganzen Productionszweigen plötzlich erkannte Unmöglichkeit, Waaren zu dem bisher gehofften Preise zu verkaufen, und die daraus entstehende weitere Unmöglichkeit, einen Theil der vorhandenen Erwerbs-Geschäfte überhaupt oder in bisherigem Umfang fortzusetzen.

Ackerbaukrisen, Handelskrisen im engeren Sinn, Häuserkrisen, Eisenbahnkrisen, Börsenkrisen etc. Verschiedene locale Ausdehnung der Krisen.

Die Krisen beruhen stets auf einem von weiten Kreisen getheilten Irrthum des Angebots über die künftige Nachfrage; der Irrthum ist im Falle des Eintritts unvorhersehbarer Ereignisse unverschuldet, andernfalls liegt eine Gesammtschuld aller Derjenigen vor, die sich an der Ueberspeculation betheiligt haben.

Dass aus diesem Irrthum nicht nur Einschränkung der Production und Consumtion entsteht, sondern auch zahlreiche Bankerotte folgen, rührt von der Ausdehnung des Credits her, demzufolge die Verkäufer feste in Geld berechnete Verpflichtungen haben, zu deren Erfüllung die in Folge sinkender Preise abnehmenden Einnahmen nicht hinreichen.

Die populäre Ansicht, dass Krisen von Geldmangel herrühren, enthält eine beschränkte Wahrheit, indem Geld-ab- und -zufluss auf die Krisen oft von grossem Einfluss ist, und es auch eigentliche (wenn auch gewöhnlich kurzdauernde) Geldkrisen giebt. — Einfluss von Papiergeld mit Agio auf Speculation und Krisen. — Say's Theorie zu abstract, das Wort „Ueberproduction" kann, richtig verstanden, wohl gebraucht werden. Es kann in der That von einer oder von vielen Waarenarten mehr auf den Markt gebracht werden als begehrt wird, und die geringere Nachfrage kann nicht nur von zu geringer Zahlungsfähigkeit sondern wirklich auch daher rühren, dass das betreffende Bedürfniss bereits vollständig befriedigt ist. (Vgl. II § 7 das über Anlage von Ersparnissen Gesagte.) Die ersten Veranlassungen zu der schliesslich eine Krisis hervorrufenden Ueberspeculation können sehr verschieden sein. — Beispiele. Ausdehnung des Marktes und Freihandel. — Geschichte der grösseren Krisen in diesem Jahrhundert. Zusammenhang zwischen Krisen und Börsen. — Acute und schleichende Krisen. — Krisen, wenn Ueberspeculation stattgefunden hat, zur Wiederherstellung gesunder Verhältnisse nöthig, aber mit schweren Leiden auch für die Arbeiter und viele Schuldlose verbunden. Die Ueberspeculation und die Krisis bringen beide dem Nationalvermögen Schaden, erstere durch die mit ihr verbundene übertriebene Consumtion, letztere durch verminderte Production.

Ausgebrochene Krisen müssen in ihrer Entwicklung beschleunigt und möglichst dahin gemildert werden, dass übertriebene Angst nicht selbstsändig als Ursache grosser Uebel wirkt. Weit wichtiger als dahin abzielende Massregeln sind solche, welche dem Eintritt von Krisen vorbeugen.

Bankpolitik vor und nach den Krisen. — Rechtzeitige Disconto-Erhöhung. — Ausdehnung der Notenmenge. Staatsunterstützung solider Häuser. Darlehenskassen und ähnliche Institute. Besondere Lage in Papiergeldländern. — Handelsstatistik. — Einwirkung von Handelskammern und ähnlichen Corporationen. — Gesetzgebung für Actiengesellschaften. Beaufsichtigung der Börsen etc. etc.

Gründliche Abhilfe kann nur durch allgemeine Verbreitung einer Gesinnung geschaffen werden, die den gewissenlosen und leichtsinnigen Speculanten unbedingt mit Verachtung straft, sowie durch Institutionen, welche die ganze Production stätiger und es den Speculanten unmöglich machen, die Production in jedem Augenblick beliebig zu steigern.

Das Gefühl, dass jede gemeinschädliche Handlung unehrenhaft, in unseren Erwerbsständen noch nicht stark genug.

Die sogenannte „Arbeiterreservearmee", sowie die unbeschränkte Möglichkeit ungelernte Arbeiter nach kurzer Abrichtung in jeder Industrie beliebig zu verwenden, geben die Möglichkeit der Ueberproduction. — Organisation der Gewerbe und namentlich des Lehrlingswesens würden dies allmälig ändern können. — Krisen ein natürliches Product der in Anarchie ausartenden freien Concurrenz und nur durch eine die Anarchie aufhebende Ordnung zu verhüten. — Mangelndes Bewusstsein der Pflichten gegen die

Gesammtheit und mangelnde Organisation der Erwerbsstände gehen Hand in Hand (s. § 4).

§ 8. **Geld.** Wenn gegen Eigenthum an Quantitäten einer bestimmten Güterart factisch alle anderen Waaren umgesetzt und ihre Preise in den genannten Quantitäten ausgedrückt werden, so nennt man diese Güterart, sowie den Inhalt des Eigenthumsrechts daran, Geld. Die Verwechslung von Gut und Waare ist hier, da es sich lediglich um Eigenthum handelt, unschädlich. Geld ist das allgemeine Tauschmittel und das allgemeine Preismass.

Nebenfunction des Geldes als Werthaufbewahrungsmittel.

Die Erhebung einer Waare zum Gelde beruht zunächst auf factischer allgemeiner Gewohnheit, diese Gewohnheit erhält aber durch das Gesetz des Staats, welches das Geld zum gesetzlichen Zahlungsmittel macht, eine besondere Befestigung und modificirte Gestalt.

Die Gewohnheit beruht auf Zweckmässigkeit. Durch das Geld wird jedes Tauschgeschäft in Verkaufs- und Kaufs-Geschäfte zerlegt, die leichte Möglichkeit des Umsatzes wird aber dadurch bedeutend vermehrt. — Frühere Verwechslung von Geld und Reichthum.

Allgemein versehen heute die Function des Geldes vom Staat geprägte Münzen aus edlem Metall, d. i. Quantitäten solchen Metalls, die durch den staatlichen Stempel ohne besondere Messung und Prüfung erkannt werden.

Andere Waaren, die in früheren Zeiten als Geld gedient haben und noch dienen. Aufkommen des Gebrauchs der edlen Metalle zuerst in der Weise, dass speciell abgewogen wurde. Historische Entstehung der Münzen; — staatliche und nicht staatliche Münzen. — Münzregal. — Frühere Münzverschlechterungen unerlaubt und zwecklos.

Nicht Geld im vollen Sinne des Wortes sind:
1) kurshabende Münzen, die nicht Preismass sind,
2) Scheidemünzen, die kein selbstständiges Preismass sind,
3) sogenanntes Papiergeld mit Zwangskurs, das nur ein auf Credit beruhendes Ersatzmittel des Geldes ist.

§ 9. **Gold und Silber** wurden überall zum Gelde, weil diese Güter natürliche Eigenschaften haben, denen zufolge sie sich besser als alle anderen Güter zum Gelde eignen.

Härte und Dauerhaftigkeit.
Kostbarkeit.
Leichte Formbarkeit und Theilbarkeit ohne Werthverlust.
Gleichartiges Vorkommen auf der ganzen Erde.
Allgemeine Beliebtheit und doch Entbehrlichkeit.
Specifisches Gewicht als Schutz gegen Fälschung.
Relativ geringes Schwanken der gesammten Vorräthe in kurzen Zeiten.

Die Menge des vorhandenen Goldes und Silbers und des gemünzten Edelmetalls hat seit dem 16. Jahrhundert beständig zugenommen, und zwar vermehrte sich bis 1848 zumeist das Silber, seitdem fand eine relativ gesteigerte Goldproduction statt, die aber in allerneuester Zeit wieder relativ abnimmt. Die Menge des überhaupt und in einem einzelnen Lande vorhandenen Geldes ist nur annähernd anzugeben.

Statistische Angaben über Gold- und Silberproduction und über Ausprägungen.

Der Bedarf eines Landes an Geld lässt sich nicht absolut feststellen, da an und für sich der gleich grosse und lebhafte Verkehr mit verschiedenen Mengen von Geld bewältigt werden kann. Man kann nur von relativem Bedarf eines Landes im Vergleich zu anderen Ländern sprechen, mit denen das erstere in Verkehr steht, so dass dieser Verkehr die beiderseitigen Preisverhältnisse beeinflusst. Dieser relative Geldbedarf hängt ab:

1) von der Menge und dem Preise der umgesetzten Waaren,

2) von der Häufigkeit des Naturaltauschs einerseits, der Ausdehnung des Credits anderseits,

3) von der Umlaufsgeschwindigkeit des Geldes,

4) von dem Bedarf an Geld als Werthaufbewahrungsmittel.

Minenländer und Länder ohne Minen. - Länder mit und ohne starken internationalen Handel. — Abfluss des relativ nothwendigen Geldes ruft Papiergeldwirthschaft hervor.

Wenn sich die Menge des Geldes stärker vermehrt oder vermindert als das Bedürfniss des Verkehrs nach Geld, so können daraus zunächst Ueberspeculation oder Krisen sowie Aenderungen des Zinzfusses entstehn.

Schwankungen der Geldmenge in kurzen Perioden. — Disconto.

Bei dauernden Veränderungen des Verhältnisses zwischen Geldmenge und Geldbedarf entstehen sogenannte Preisrevolutionen, bei Aenderungen in dem Mengenverhältniss zwischen Gold und Silber entstehen Veränderungen des Werthverhältnisses beider Metalle, soferne für das relativ zunehmende Metall sich keine gesteigerte Verwendung findet.

Thatsächliches über die Preisrevolutionen im 16. Jahrhundert und in der Gegenwart. Geschichtliches über das Werthverhältniss von Gold und Silber, — Aenderungen des letzteren Werthverhältnisses genau messbar, indem man das eine Metall zum Preismass des anderen macht; — die Gründe aber nicht immer genau nachweisbar.

Die sogenannten allgemeinen Preisrevolutionen oder die allgemeinen starken Aenderungen der (Nominal-) Geldpreise aller Waaren werden gewöhnlich auf Preis- oder Werthänderungen des Geldes zurückgeführt. Da aber (s. oben § 2) das Geld selbst einen Geldpreis nicht haben kann, so kann man überhaupt genau genommen nicht von Preis oder Werth des Geldes, sondern nur von der Kaufkraft sprechen, welche das Geld seinem Eigenthümer gegenüber der Gesammtheit aller Waaren gewährt.

Man kann den Preis des Geldes gegenüber jeder einzelnen andern Waare messen, aber einen Geldpreis des Geldes, d. h. einen Preis, der seine vergleichsweise Kaufkraft gegenüber allen anderen Waaren misst und angiebt, kann man nur gewinnen, wenn man zum Zwecke dieses Vergleichs eine andere Waare (Getreide, Arbeitsleistungen oder dgl.) zum Preismass macht, wodurch Nichts gewonnen ist, da dann letztere Waare keinen Geldpreis hat.

Aenderungen der Kaufkraft irgend einer Waare, also auch des Geldes, gegenüber dem gesammten Waarenvorrath im Laufe der Zeit oder Aenderungen des sogenannten reellen im Gegensatz zum nominellen Preise können nie genau gemessen werden. Eine solche Messung kann nämlich nur unter der Fiction ausgeführt werden, dass der gesammte Waarenvorrath oder die Grösse, zu der die einzelne Waare in Verhältniss gesetzt wird, in den zwei verglichenen Zeitpunkten in seiner qualitativen Zusammensetzung unverändert und seine quantitative Ausdehnung im Verhältniss zur Bevölkerung gleich geblieben sei. Daher ist jede Messung von (reellen) Preisänderungen im Laufe der Zeit ungenau insoweit als sich inzwischen die Bedürfnisse und die Waaren verändert haben. Es sind aber solche begrifflich ungenauen Messungen und Vergleichungen doch vielfach von praktischer Bedeutung.

Nominelle Geld-Preisänderungen einzelner Waaren in kurzer Zeit lassen fast immer auf reelle Aenderungen der allgemeinen Kaufkraft, welche sie gewähren, schliessen. Ebenso lassen nominelle Geldpreisänderungen der Majorität aller Waaren in kurzer Zeit auf veränderte Kaufkraft des Geldes schliessen. Bei Vergleich weiter auseinanderliegender Zeiten lassen nur starke Aenderungen des nominellen Geldpreises überhaupt einen Schluss zu. — Versuche solcher Messungen und Berechnungsmethoden in der Literatur. — Genaue Angabe der Prozente der reellen Preisänderung immer verkehrt. — Die obige Fiction deshalb nöthig, weil das praktische Leben mit dem Vergleich gleichzeitiger Preise sich nicht begnügt, sondern in der Gegenwart später zu zahlende Geldpreise und Geldsummen bestimmt, und weil die Veränderungen der gesammten ökonomischen Lage einzelner Waarenbesitzer im Laufe der Zeit beobachtet werden. Ein constantes Preismass für alle Zeiten begrifflich unmöglich, praktisch unnöthig. Nominelle (Geld-)preise und reelle Preise fallen zusammen, soferne man sich damit begnügt nur die vergleichsweise Kaufkraft von Waaren in einem Zeitpunkt auf einem Markte zu messen. Der Unterschied beider Begriffe entsteht nur, wenn man den nur vermittelst einer Fiction möglichen, also theoretisch an sich falschen aber praktisch zulässigen Versuch von Preisvergleichungen im Laufe der Zeit macht oder wenn man die Preise von Waaren in factisch selbstständigen Marktgebieten vergleicht (Sach- und Geldpreis von Arbeitsleistungen). Ueber die sogenannte Constanz des Werths von Gold und Silber.

§ 10. Münzpolitik des Staats.

Wenn sich der Staat mit Recht das Monopol vorbehält, das Volk mit der nöthigen Menge von Geld in Münzgestalt zu versehen, so ist es seine Pflicht, schön und in zweckmässiger Form geprägte Münzen und zwar nicht zu vielerlei und nur solche Geldmünzen zu prägen, nach denen wirklich gerechnet wird.

Beispiele aus Vergangenheit und Gegenwart.

Die Kaufkraft des Geldes wird nicht vom Staat erzeugt.

Zu der gesetzlich festgesetzten, die Kaufkraft der Münze allein bestimmenden Quantität edlen Metalls darf ein bestimmter Zusatz von anderem Metall kommen — Legirung.

Erklärung der Ausdrücke: rauh, fein, Schrot und Korn, Löthigkeit, Feingehalt etc. Bemessung der Legirung nach Loth, Karat und Prozenten. Beispiele.

Die einzelne Münze darf von dem gesetzlichen Feingehalt und Gesammtgewicht ein Weniges abweichen, jedoch so, dass im Durchschnitt der gesetzliche volle Gehalt erreicht wird — Remedium.

Beispiele.

Der Staat prägt Münzen theils auf eigene Rechnung theils auf Verlangen von Privaten. In letzterem Falle darf er von den Privaten, da die geprägte Münze brauchbarer ist als ungeprägtes Metall, einen mässigen Schlagschatz als Gebühr erheben.

Schlagschatz als Form der Münzverschlechterung verwerflich. Schlagschatz bei Scheidemünzen. Verschiedene Arten der Erhebung des Schlagschatzes. Wegfall des Schlagschatzes in England.

Der Staat ist der Ordnung des Verkehrs halber verpflichtet, den Gebrauch fremder Münzen zu beaufsichtigen resp. zu verbieten.

Der Staat stellt den Münzfuss fest, d. h. er bestimmt, welchen Feingehalt und welches Grobgewicht jede Münze von bestimmtem Namen haben soll. Wichtig ist dabei die Stückelung der Münzen, die meist nach dem Duodezimal- oder jetzt nach dem Dezimalsystem erfolgt.

Der Staat hat den Münzfuss aufrecht zu erhalten. Geheime Aenderungen des Münzfusses, denen zufolge die Münzen gleichen Namens einen anderen Feingehalt bekommen, sind verwerflich. Oeffentlich bekannte Aenderungen des Münzfusses dürfen nur in dem Ausnahmsfall einer vollständigen Aenderung des Münzsystems vorgenommen werden und werden dann passend mit Namensänderung der Münzen verbunden. Den Aenderungen resp. Verschlechterungen des Münzfusses, die durch Abnutzung von selbst entstehn, hat der Staat durch Einziehung abgenutzter Münzen und zwar möglichst auf seine Kosten zu begegnen.

Geschichtliches über beständige Verschlechterung des Münzfusses, bei Livre, Thalern, Gulden.

§ 11. **Die Währungsfrage.**

In einem Marktgebiet kann nur eine Waare wirklich als Geld d. h. als allgemeines Tauschmittel und Preismass benutzt werden, weil nur dann die Preise aller anderen Waaren direct vergleichbar sind. Daher ist es richtig, wenn der Staat nur Münzen eines Metalls zum gesetzlichen Zahlungsmittel macht (Währung).

Abweichungen von diesem Grundsatz sind die Parallelwährung, welche das Staatsgebiet in zwei Markt- und Preisgebiete zerlegt, und die gesetzliche Doppelwährung, welche Münzen aus 2 Metallen zum gesetzlichen Zahlungsmittel unter zwangsweiser Fixirung ihres gegenseitigen Werthverhältnisses macht. Beides ist unzweckmässig.

Die Parallelwährung praktisch keiner grossen Ausdehnung fähig. Die Doppelwährung hat gewisse Bequemlichkeiten, zieht aber bei heutigem internationalen Verkehr periodisches Abfluthen der Münzen desjenigen Metalls nach sich, das zur Zeit auf dem internationalen Markte theurer ist als nach der gesetzlichen Werthrelation. Sie liesse sich nur durch internationale Verallgemeinerung praktisch aufrecht erhalten und würde dann der Production der Edelmetalle Zwang anthun. Eine solche internationale Abmachung die in der That alle Handelsvölker umfasste, ist übrigens praktisch unerreichbar. Die ihr nachgerühmte wohlthätige Folge der gleichzeitigen Benutzung beider Metalle und der grösseren Unabhängigkeit von den Wechseln in den producirten Mengen des einen oder anderen Metalls wird auch erreicht, wenn ein Theil der Staaten Gold-, der andere Silber-währung hat. Geschichtliches über Doppelwährung namentlich in Frankreich.

Neben den eigentlichen Geldmünzen können Münzen vorkommen, die nicht Preismass sondern nur Tauschmittel sind (curshabende Goldmünzen in Silberwährungsländern). Jedenfalls braucht man neben den eigentlichen Geldmünzen Scheidemünzen für den kleinen Verkehr. Diese sind Münzen aus beliebigem Metall, die zu den Geldmünzen durch gesetzlichen Zwang in ein bestimmtes Werthverhältniss gesetzt werden, welches dadurch aufrecht erhalten wird, dass die Scheidemünzen nur in beschränkter Menge ausgegeben, dass sie auf Verlangen vom Staat gegen wirkliches Geld umgetauscht werden, und dass sie Niemand bei grösseren Zahlungen annehmen muss.

Scheidemünzen aus Silber (bei Goldwährung), Billon, Kupfer, Nickel etc. Der Metallgehalt der Scheidemünzen kann ihrem gesetzlichen Werth wegen der Werthschwankungen der Metalle nicht genau entsprechen und ist fast immer geringer als der gesetzliche Werth. Die Differenz darf aber wegen der möglichen Fälschungen nicht gross sein. Die Scheidemünze beruht auf dem Credit des Staats und dem Bedürfniss des Verkehrs.

Die einfache Goldwährung ist der einfachen Silberwährung vorzuziehen, wenn das Land reich genug ist und grosse Werthsummen im Verkehr häufig vorkommen, sowie wenn die genügende Goldmenge zu Gebote steht. Die Gründe für den Vorzug der Goldwährung sind, dass das Gold fast alle gemeinsamen Vorzüge der edlen Metalle in höherem Grade besitzt als das Silber, dass bei Goldwährung die Aufrechterhaltung des Münzfusses minder kostspielig ist, und dass dabei das Silber als Scheidemünze bequeme Verwendung findet, während bei Silberwährung das Gold nicht bequem verwendet werden kann. Auch spricht für Goldwährung praktisch der Vorgang grosser Handelsvölker.

Münzgeschichte Deutschlands insbesondere in diesem Jahrhundert. Gegenwärtige Gesetzgebung. Geschichte des Uebergangs zur Goldwährung. Kritik der Art und Weise, wie dieser Uebergang vollzogen wurde, von juristischem und ökonomischem Standpunkt. Die Umrechnung alter Geldverpflichtungen in neue Währung bei einem Wechsel der Währung kann mit absoluter Genauigkeit und Gerechtigkeit nicht vollzogen werden, weil Aenderungen der Kaufkraft des Geldes im Laufe der Zeit überhaupt nicht genau berechnet werden können (s. § 9). — Wirkungen der verschiedenen Arten der Währung und des Währungswechsels auf die Verhältnisse von Gläubigern und Schuldnern. Die Begünstigung der Schuldner liegt keineswegs unbedingt im allgemeinen Interesse.

Münzverhältnisse anderer Länder. England. Lateinische Münzconvention. Bestrebungen nach internationaler Münzeinigung seit 1867. Es ist praktischer auf ein sicheres selbstständiges Münzwesen zu sehen. Neueste Zustände in den Vereinigten Staaten. — Stellung von Papiergeldländern zur Währungsfrage.

§ 12. Credit ist das Vertrauen, dass Jemand eine übernommene wirthschaftliche Verpflichtung erfüllen werde.

Creditgeschäfte sind Geschäfte, bei denen die eine Partei sofort eine beliebige Waare, die andere ein Forderungsrecht an die erste Partei erwirbt. Die eine Partei verspricht eine Leistung für die Zukunft, die andere leistet sofort Alles, wozu sie überhaupt verpflichtet wird.

Ausdrücke: Credit haben, Credit nehmen, Credit geben. Ruhender und angewandter Credit.

Man nennt auch Creditgeschäfte oder eine Gesammtheit von Creditgeschäften kurzweg Credit.

Zerlegt das Geld den Tausch in Kauf und Verkauf, so zerlegt der Credit den Kauf in Lieferung und spätere Gegenlieferung. In kleinen Anfängen gab es jederzeit Credit. Die Worte Natural-, Geld-, Creditwirthschaft bezeichnen relative Begriffe.

Der Credit schafft direct keine neuen wirthschaftlichen Güter,
Redensart „Credit ist Kapital" irreführend.
sondern er kann nur in Gestalt übertragbarer Forderungsrechte in beschränktem Umfang neue Waaren direct erzeugen, und er wirkt indirect anregend auf die Vermehrung der Güter, insoferne er die bessere Benutzung und Verwerthung vorhandener Güter ermöglicht.

Grosse Vermehrung der Umsätze durch den Credit, indem dadurch auch Derjenige Waaren eintauschen kann, der zur Zeit gar keinen Gegenwerth bieten kann.

Die zur Zeit leistende Partei heisst Gläubiger, die versprechende Schuldner. Wenn der Gläubiger nur die zeitweilige Benutzung der Waare, die er hat, leistet resp. gestattet und sein Vermögensrecht als solches behält, so liegt ein anderes Verhältniss vor, als wenn der Gläubiger sein Vermögensrecht völlig überträgt und sich nur die künftige Uebertragung eines neuen Vermögensrechts versprechen lässt. Dieser Unterschied lös't sich in den gewöhnlichen Fällen auf in den Unterschied zwischen Leih-, Pacht- und Miethverträgen einerseits, Darlehensverträgen anderseits.

Eigentliche Creditgeschäfte sind nur die Darlehensverträge in ihren verschiedenen Formen.

Dahin gehören, wirthschaftlich betrachtet, auch creditirte Kaufpreise und dgl. s. IV. § 4.

Eine Abart des eigentlichen Creditgeschäfts ist das Zeichnen und Uebernehmen einer Actie.

Der Actionär wird ökonomisch betrachtet Gläubiger der Gesellschaft, deren Mitglied er aber selbst ist.

Der (eigentliche) Credit ist

1) productiv oder consumtiv, je nach den Zwecken des Schuldners,

2) kurz oder lang, je nach der Zeit, in welcher der Schuldner endgültige Gegenleistung verspricht,

Terminirter und unterminirter, kündbarer und unkündbarer Credit. — Rentenkauf.

3) Real- oder Personalcredit, je nachdem dem Gläubiger zugleich ein Pfandrecht bestellt wird oder nicht.

Faustpfand und Hypothek. Neueste Entwickelung der letzteren. Es ist das Natürliche, dass der lange Credit Hypothekencredit ist, der kurze Personalcredit. Der Hypothekencredit in seiner neuesten Entwicklung ändert das innere Wesen des ganzen Rechtsverhältnisses, das Faustpfand kommt nur nebenbei zu dem persönlichen Creditverhältniss hinzu. — Bürgschaftscredit.

Der Nutzen des consumtiven Credits beruht in der Erhaltung resp. der Verbesserung der Lage von physischen und juristischen Personen.

Staatscredit.

Der Nutzen des productiven Credits besteht in der Belebung des Verkehrs, der besseren Benutzung des Kapitals, der Möglichkeit, besitzarme Arbeit selbstständig zu machen, dem Anreiz zur Kapitalansammlung in Folge der Möglichkeit der Verleihung, der Erleichterung grosser Unternehmungen, der Gelderspärniss.

Schädlichkeit von übertriebenem consumtivem Credit und von productivem Credit an leichtsinnige Speculanten, von Zahlungscredit ohne genügende Geldbasis.

Heutige Ausdehnung des Credits.

§ 13. Formen der Creditgeschäfte.

Der (eigentliche) Credit wird gegeben in der Form der einfachen Obligation oder der Anweisung. Im ersteren Fall verspricht der Schuldner dem Gläubiger eine eigne Leistung, im letzteren verspricht der Schuldner, dass ein Dritter und nur eventuell er selbst dem Gläubiger leisten werde.

Schuldscheine, trockene Wechsel, Staats-, Communal-, Gesellschafts-Obligationen, Hypotheken, Banknoten etc. etc. — gezogene Wechsel. Die Anweisungen entstehen daraus, dass der Schuldner selbst Schuldner hat. Reelle und fictive Wechsel. — Wechselreiterei. Allgemeinste Grundsätze des Hypotheken- und Wechselrechts. Die Wechselstrenge. Bedeutung des Wechsels im internationalen Verkehr. — Wechselcurs. — Disconto.

Je strenger das Recht gegen den Schuldner ist, d. h. je schneller und sicherer der Gläubiger die versprochene Gegenleistung erhalten kann, desto leichter und gegen desto günstigeren Bedingungen bekommt der Schuldner Credit.

Moratorien etc. Persönliche Schuldhaft. Civilrechtliche Execution. Subhastation. — Bankerottgesetze. — Beschränkte, unbeschränkte und Solidarhaft. — Wuchergesetze.

Die Creditgeschäfte werden heute meistens schriftlich abgeschlossen. Dabei kommt Eintragung in öffentliche Bücher oder Privatbücher und Ausstellung von beweglichen Urkunden vor, welch letztere öffentlich beglaubigt und abgabenpflichtig sein können. Diese Urkunden heissen Werthpapiere, wenn und insoweit dadurch das Forderungsrecht zur allgemein umlaufsfähigen Waare wird, d. h. wenn das Forderungsrecht als solches übertragbar wird, ohne dass es untergehen und an seiner Stelle ein neues creirt werden muss, ja ohne dass die Einwilligung des Schuldners nöthig ist.

Grundbücher; kaufmännischer Buchcredit. Schuldscheine aller Art, die entweder nur Beweisinstrumente oder Werthpapiere sind. Durch die Werthpapiere nähern sich Forderungsrechte den Eigenthumsrechten in ihrer Brauchbarkeit als Waaren.

Die (beweglichen) Urkunden über Creditgeschäfte sind verschieden je nach der Leichtigkeit, mit welcher der Gläubiger sein Recht übertragen kann: Inhaberpapiere, Ordrepapiere, Namenpapiere. — Mit dieser Leichtigkeit wächst die Möglichkeit eine Crediturkunde als allgemeines Zahlungsmittel statt Geld zu gebrauchen.

Verzinsliche und unverzinsliche Inhaberpapiere. Beispiele. Formelles Zusammenfallen von Gläubiger und Schuldner in einer Person. Eigenthümliches neues Recht der Werthpapiere und Wirkung derselben auf den Verkehr. Bestimmte Creditgeschäfte sind oft an Urkunden von bestimmter Form gebunden, der Gebrauch einzelner Arten von Urkunden (namentlich der Inhaberpapiere) nur unter bestimmten Bedingungen oder bestimmten Kategorien von Personen gestattet.

Die Crediturkunden erleichtern auch das Compensiren von Schulden und Forderungen, das namentlich wenn es zum Scontriren ausgedehnt wird, namhafte Geldersparniss bewirkt.

§ 14. Creditanstalten und Banken.

Geschichte des Bankwesens. Aeltere Institute, die Banken genannt wurden, aber nicht unter den heutigen Begriff von Banken fallen. — Geldwechslergeschäfte. — Girobanken.

Eine Bank ist eine Person, welche gewerbsmässig Credit giebt und nimmt.

Die Bank nimmt Denjenigen, die Privat-Kapital haben, die Mühe ab, einen Schuldner zu suchen, den Kapitalbedürftigen erspart sie die Mühe, einen Gläubiger zu finden. Sie vermittelt aber nicht als Commissionär oder Makler zwischen den Parteien, sondern wird selbst auf eigene Rechnung Gläubiger und Schuldner. Das eigene Kapital der Bank ist wesentlich Garantiefonds.

Das Bankgeschäft wird hauptsächlich von Privatpersonen, Actiengesellschaften und Genossenschaften, sowie von öffentlichen Corporationen betrieben.

Die Geschäfte, durch welche die Bank Gläubiger wird, sind Activgeschäfte, diejenigen, durch welche sie Schuldner wird, Passivgeschäfte.

Ueber Bilanzen.

Eine Bank, welche kurzen Credit nimmt, darf der Regel nach in dem gleichen Masse auch nur kurzen, nicht langen Credit geben.

Zahlungsunfähigkeiten.

Es ist zweckmässig wenn eine Bank sich nur auf bestimmte Arten von Creditgeschäften beschränkt. Demnach erscheinen als die wichtigsten Arten von Banken:

1) Handelsbanken, welche kurzen Credit geben und nehmen.

Pfandleihanstalten als specielle Abart dieser Banken. Personalcreditanstalten für Landwirthe. Depositen-, Wechsel-, Disconto-, Noten-Banken. Grosse Function der Vermittlung von Zahlungen. Ausdehnung und alte Entwicklung dieser Banken.

2) Realcredit- oder Hypothekenbanken.

3) Effectenbanken (Gründungsbanken, Industriebanken, credit mobiliers).

Der Gewinn aller Banken entsteht:

1) aus der verzinslichen Anlage des eigenen Kapitals,

2) aus der Differenz zwischen dem Zins bei Activ- und Passiv-Geschäften,

3) aus Curssteigerungen der Activa.

Da der Gewinn ad 2) der wichtigste, so eignet sich Hypothekenbankbetrieb mehr für Genossenschaften als für Personen, die auf Gewinn speculiren müssen. Da der Gewinn ad 3) unsicher ist, so sind Effectenbanken überhaupt eine bedenkliche Institution, die aber doch nicht unterdrückt werden kann.

§ 15. Handelsbanken.

Die Grundform der Passivgeschäfte der kurzen Credit vermittelnden Banken ist das sogenannte Deposit.

Depositum irregulare. Deposit zur Aufbewahrung, Verwaltung und Benutzung. Das Deposit kann gegeben werden in Baar, durch Wechsel oder Incasso. Zins bei den Depositen.

Auf Grundlage des Deposits zur Benutzung können Umschreibungen in den Guthaben der Bankgläubiger zum Ersatz von Zahlungen unter denselben stattfinden (Giroverkehr). Ferner entwickelt sich aus dem Deposit das Contocurrentgeschäft, d. h. ein fortlaufendes Ueberweisen von Depositen an die Bank und Beauftragen derselben zu Zahlungen. Das Contocurrentgeschäft erhält seine höchste Ausbildung durch die Checks.

Beschreibung des Checkverkehrs in London und New-York. Derselbe beruht auf der allgemeinen Sitte, das Kassahalten dem Banquier zu übertragen, und auf dem Clearinghouse in grossen Handelsstädten. Vorzüge des Checks, der eine Anweisung auf die Bank des Schuldners ist, aber von der Bank des Gläubigers in Anbetracht des Clearinghouse angenommen wird, vor der Note.

Ein eigenthümliches Depositengeschäft ist das Noten- oder Zettelgeschäft. Die Note ist ein Depositenschein, der auf runde Summen lautet, auf den Inhaber gestellt ist, auf Sicht eingelöst werden muss und keinen Zins trägt (s. unten).

Das Bedürfniss des Verkehrs nach einem Zahlungsmittel ohne Gewicht, das weithin angenommen wird und sich in gewissen Schranken vermehren und vermindern lässt, erzeugt die Möglichkeit der Notenemission. Der Gewinn der Bank von der Note bei vorsichtigem Betrieb nicht so gross, als es scheint.

Die wichtigsten Activgeschäfte der Handelsbank sind:

1) Das Wechsel- und Disconto-Geschäft, d. i. der Ankauf in- und ausländischer Wechsel unter Abzug des Disconts.

Beherrschende Stellung der Banken im ganzen Handelsverkehr durch das Wechselgeschäft. Einfluss der Festsetzung des Disconts. Würdigung des Credits der Bankkunden.

2) Das Lombardgeschäft (Gewährung kurzer Darlehen gegen Faustpfand).

3) Creditgewährung im Contocurrent.

Uneigentliche Bank (Neben-) Geschäfte sind: Incassogeschäft, Einlösung von Coupons, Geldwechslergeschäft, Aufbewahrung von Werthgegenständen, Ankauf von Edelmetall, Commissionsgeschäfte aller Art. Gefährliche Geschäfte für Handelsbanken sind die Uebernahme von grossen Anlehen des Staats etc.

auf eigene Rechnung, die Betheiligung an industriellen Unternehmungen, Gewährung von längerem Credit an solche, das Hypothekengeschäft, Börsengeschäfte aller Art etc.

Die sogenannte Bankfrage im engeren Sinne bezieht sich nur auf die Banknote.

Unterschied der Note von Geld und sogenanntem Papiergeld. Eine vollgedeckte Note ist keine Note mehr. Ungedeckte Noten unentbehrlich wegen wechselnden Bedürfnisses nach Zahlungsmitteln (Krisen), welches der Staat durch wechselnde Mengen Papiergeldes nicht befriedigen kann.

Sie zerfällt in folgende Hauptfragen:

1) Wer das Recht der Notenemission haben soll?

Bankfreiheit und Bankmonopol. Aus dem Princip der Gewerbefreiheit oder dem Münzrecht des Staats lässt sich Nichts ableiten. Es hat sich als zweckmässig herausgestellt, wenn in grossen Staaten möglichst nur eine vom Staat beaufsichtigte, (eventuell dem Staat einen Theil ihres Gewinns abliefernde) nach dem Gesichtspunkt des allgemeinen Verkehrsinteresses geleitete Notenbank besteht. — Gründe. — Annäherung an diesen Zustand durch Normativbedingungen. — Notensteuer. —

2) Wie ein Uebermass von Noten verhütet,

3) wie die stete Einlöslichkeit der Noten gesichert werden könne?

Die Fragen 2 und 3 fallen praktisch zusammen. Formelle Vorschriften gewähren nie volle Sicherheit. Kritik und Geschichte der Peel'schen Bankacte. Frühere Preussische und jetzige Deutsche Notenbankgesetzgebung. Statistik.

§ 16. Hypotheken- und Effectenbanken.

Hypothekenbanken sind weit jünger als Handelsbanken.

Geschichte der Hypothekenbanken seit Friedrich II. Renten-Banken in Folge der Ablösungen. — Heutiger Zustand. Actien-Hypothekenbanken und Landschaften. Die Creditnoth des Grundbesitzes rührt nicht allein von der mangelhaften Entwicklung des Bankwesens her, sondern zugleich von den Mängeln des bisherigen Hypothekenrechts, von der Kündbarkeit der Hypotheken seitens des Gläubigers und von der Ueberlastung des Grundbesitzes mit Schulden, die bei Ankauf und Erbtheilungen entstehen.

Es wäre wünschenswerth, dass der Hypothekencredit allgemein durch genossenschaftliche Realcreditbanken vermittelt würde, welche nicht kündbare aber der Auslosung unterworfene Pfandbriefe ausgeben und dem Grundbesitz bis zu einer gewissen Höhe des Taxwerths unkündbare Hypotheken gewähren, die der allmäligen Amortisation unterliegen. Dies würde auch die Hypothekenversicherungs-Anstalten überflüssig machen. Daneben müssen

eigene Anstalten für den landwirthschaftlichen Personalcredit bestehen.

Die Anstalten für landwirthschaftlichen Personalcredit können aber keinen so kurzen Credit geben wie die grossen Handelsbanken und die städtischen Vorschussvereine, welche Handelsbanken für kleine Leute sind. Die Trennung der Anstalten für Hypothekencredit und für landwirthschaftlichen Personalcredit setzt ein gutes Hypothekenrecht voraus, die zweckmässige Einrichtung und allgemeine Verbreitung von beiderlei Anstalten ist eine wesentliche Aufgabe der den Stand der Grundbesitzer umfassenden Vereine und zugleich ein bedeutsames Mittel zur Festigung corporativer Organisation en dieses Standes — wird aber ohne amtliche Anregung und Unterstützung (wenigstens indirecte) schwerlich zu Stande kommen. — Alte Landschaften. — Ländliche Darlehnskassen. — Organisationsversuche in Oesterreich und Ungarn. — Meliorationscredit.

Effectenbanken können als Actiengesellschaften nicht verboten werden, zumal kapitalreiche Einzelne das Geschäft unvermeidlicher Weise betreiben. Dieselben dürfen aber möglichst nur langen Credit nehmen und müssen von den Handelsbanken getrennt sein. Excessen kann indirect die Actiengesetzgebung vorbeugen.

Das Effectengeschäft muss unbedingt den Notenbanken verboten werden, resp. keiner Bank, die Effectengeschäfte treibt, darf das Notenrecht gewährt werden. Ebenso muss Hypotheken-Banken sowohl das Noten- als das Effectengeschäft verboten sein, damit wenigstens die Handelsbanken ihre Aufgabe der Regulirung des Zahlungswesens, die Hypothekenbanken ihre Aufgabe, der Landwirthschaft Kapital zuzuführen, rein, vollständig und sicher erfüllen können, und diese Anstalten nicht durch aufregende Speculation zerrüttet werden.

§ 17. Anhang. Versicherungsbanken.

Versicherungsgeschäfte werden oft Banken genannt, weil sie oft manche der erwähnten Bankgeschäfte mitbetreiben. Jedenfalls legen sie ihre Kapitalien vielfach bankmässig an und den Versicherten gegenüber erscheinen sie als Schuldner im Falle des Eintritts eines gewissen Ereignisses.

Ein Versicherungsgeschäft kann überall eintreten, wo viele Personen derselben Gefahr ausgesetzt sind, und es annähernd berechenbar ist, wie oft die Gefahr sich verwirklichen wird. Ihr Zweck ist, Einzelne vor Vermögensverlusten zu bewahren oder Ersatz für ungenügendes Einkommen zu gewähren.

Feuer-, See-, Vieh-, Hagel-, Alters-, Unfalls-, Invaliditäts-, Lebens-Versicherungen etc. Hohe Bedeutung des Versicherungswesens. Wahrscheinlichkeitsrechnung.

Es giebt Gegenseitigkeits-Versicherungen, bei denen die Gesammtheit der Versicherten das Geschäft selbst betreibt, und Prämienversicherungen, bei denen der Versicherer (gewöhnlich eine Actiengesellschaft) einen Gewinn auf eigene Rechnung zu machen sucht.

Vortheile und Nachtheile der beiden Arten von Versicherung; bei wirklich guter Verwaltung die erstere besser. Gegenwärtige Entwicklung des Versicherungswesens und Stand der Gesetzgebung. Oeffentliche und Zwangsversicherungen. Hilfskassen für Arbeiter gehören zu den Versicherungsanstalten, ähnlich wie die Vorschuss- und Darlehnskassen-Vereine zu den Banken. Alle privaten Versicherungsgesellschaften, insbesondere die Lebens- und Alters-Versicherungsgesellschaften bedürfen gesetzlicher Normativbedingungen und einer amtlichen Aufsicht.

IV. Abschnitt.
Lehre von der Vertheilung.

§ 1. Das Einkommen.

Von der Vertheilung war schon früher nebenbei die Rede bei der Lehre vom Kapital, vom Preise, vom Credit. Erinnerung an die Begriffe Gut, Vermögen, Vermögensrecht.

Das Privatvermögen der Personen in einem gegebenen Moment ist kein sicherer Massstab zur Vergleichung ihrer wirthschaftlichen Macht und ihrer Fähigkeit des Genusses, vor Allem wegen seines beständigen Wechsels. Einen solchen Massstab gewinnt man nur, wenn man Zeitperioden, nicht Zeitpunkte ins Auge fasst.

Dabei ergeben sich zunächst die wissenschaftlich minder wichtigen Begriffe von Einnahme und Ausgabe.

Das Gesammteinkommen besteht aus derjenigen Quantität von innerhalb einer Zeitperiode neu entstehenden wirthschaftlichen Gütern, welche verzehrt werden kann, so dass am Ende ebensoviel Kapitalgüter vorhanden sind, wie am Anfang der Periode. Dazu kommt der Genuss des (erhaltenen) Nutzkapitals. Kürzer: — Einkommen ist, was ohne dauernde Vermögensverminderung verzehrt und genossen werden kann. Erinnerung an II § 6.

Das Einkommen entsteht durch das Zusammenwirken aller Derjenigen, die an der Production betheiligt sind.

Einkommen Ziel der Production. Es muss theilsweise, aber nicht ganz verzehrt werden. Es ist unmöglich genau auszuscheiden, welchen Theil des Gesammteinkommens jeder Einzelne erzeugt. — Man muss das Gesammteinkommen zuerst definiren, da es nicht die Summe der Producte isolirter menschlicher Handlungen ist. Wenn das Gesammteinkommen durch Zusammenwirken aller an der Production Betheiligten entsteht, so hängt seine Grösse doch keineswegs von der Menge der (jetzt) geleisteten Arbeit allein ab.

Das Gesammteinkommen ist gleich dem Reinertrag aller menschlichen Wirthschaft.

Beim Einkommen eines Volkes ist Rücksicht auf Schuldverhältnisse gegenüber dem Ausland zu nehmen. Der Geldpreis des Gesammteinkommens: vergl. was über Werth des Gesammtkapitals gesagt wurde. Alte Theorieen über den höchsten Roh- und Reinertrag. Roh- und Reineinkommen zu unterscheiden ist zwecklos. Zum Reineinkommen den nothwendigen Lebensunterhalt nicht einzurechnen ist verkehrt, weil auch der nothwendige Genuss Zweck, nicht Werkzeug der Wirthschaft ist. Nothwendiges und freies Einkommen ist zu unterscheiden, kann aber nicht scharf getrennt werden.

Das Gesammteinkommen wird von Einzelnen verzehrt resp. genossen. Der Antheil einer Person am Gesammteinkommen ist ihr Einzel- oder Privateinkommen. Dem Einkommen der Personen steht gegenüber der Reinertrag einzelner sachlichen Erwerbsquellen.

Es giebt Theile des Gesammteinkommens, die schliesslich nicht in scharf getrennte Einzeleinkommen physischer Personen zerlegt werden, nämlich der Genuss von Kapitalgütern (z. B. Strassen), die im Besitz öffentlicher Personen stehen und Jedermann zur Benutzung freistehen.

Der Reinertrag eines Unternehmens ist nicht gleich dem Einkommen des Unternehmers aus dem Geschäft. Er schliesst die ausgezahlten Löhne und Zinsen, gezahlten Steuern etc. mit ein.

Da der Fall eines isolirt wirthschaftenden Menschen nicht vorkommt, so ist die Vertheilung des Gesammteinkommens unter die Einzelnen vor Allem durch die Rechtsordnung des Staats bedingt, innerhalb deren dann die einzelnen Rechtssubjecte eine sehr verschiedene Macht entfalten können.

Dadurch wird freilich immer nur der auf einen Staat fallende Theil des Gesammteinkommens vertheilt. Die Vertheilung des Gesammteinkommens unter die einzelnen Nationen wird durch den internationalen Verkehr und seine Rechtsordnung bestimmt, soweit die einzelnen Staaten nicht — was factisch in hohem Masse der Fall — selbstständig abgeschlossene Wirthschaftsgebiete sind.

Die Rechtsordnung des Staats kann:

1) entweder dem Einzelnen zwangsweise nach Gesetz oder durch Beschluss einer Behörde gewisse Rechte an den das Gesammteinkommen ausmachenden Gütern zutheilen. — Zwangsvertheilung;

2) oder sie überlässt die Einkommensvertheilung freien Ver-

trägen auf Grundlage der erworbenen Vermögensrechte. — **Freie Vertheilung.** Dies System besteht darin, dass Jeder über den Genuss eigenen Nutzkapitals und eigener Dienstleistungen frei verfügen, denselben sich vorbehalten oder Anderen abtreten kann; dass Jedermann Eigenthümer der Producte (resp. Herr des Reinertrags) wird, die er selbst mit eigenem Kapital herstellt, dass durch Vertrag die Vertheilung des Reinertrags bestimmt wird, der entsteht, wenn Einzelne (Kapitalisten und Arbeiter) sich zu Erwerbsunternehmungen vereinigen.

Erinnerung an I § 5, der sich nicht nur auf Einkommens- sondern auf Vermögensvertheilung bezieht. Das System ad 1) als allein herrschendes ist nur denkbar, wenn nicht nur das Rechtssystem des Gesammteigenthums in Bezug auf alle Kapitalgüter herrscht, sondern wenn zugleich der Staat das Recht hat, zur Arbeit zu zwingen. — Die Vertheilung des Reinertrags durch die zu einer Unternehmung Vereinigten bezieht sich heute factisch auf die Hauptmasse des Gesammteinkommens. Uebrigens benutzt auch Derjenige, der durch seine isolirte Arbeit Producte herstellt und Reinertrag erzeugt, immer zugleich die Früchte der Leistungen Anderer.

Letzteres System ist bei uns zur Zeit das herrschende, aber keineswegs das unbedingt und ausschliesslich herrschende.

Das System der Einkommensvertheilung durch freie Verträge oder das individualistische im Gegensatz zum socialistischen, die freie im Gegensatz zur Zwangsvertheilung ist zunächst eingeschränkt durch alle Beschränkungen des Sondereigenthums und das Verbot gewisser Verträge, ferner durch das Recht des Staats, Dienste zu erzwingen, Abgaben zu erheben und zu verwenden; durch den Schulzwang etc. Ferner findet die Zwangsvertheilung innerhalb der Familie und anderer Genossenschaften statt.

Die freie Einkommensvertheilung ist ihrem Erfolge nach in hohem Masse davon abhängig, inwieweit das System beschränkt ist, ferner davon, unter welchen Bedingungen Eigenthumserwerb stattfinden kann und konnte, d. h. davon, wie sich die Vertheilung des Vermögens gestaltet hat. Es findet weder eine gleiche, noch eine den Bedürfnissen oder Leistungen entsprechende Vertheilung statt, sondern die Vertheilung erfolgt nur theilweise nach Verdienst, theilweise nach Einflüssen, die vom Individuum unabhängig sind (Conjunctur). Eine volle Gerechtigkeit ist unerreichbar, Ungleichheit und Zufall können nur eingeschränkt nicht aufgehoben werden, wenn überhaupt individuelle Freiheit stattfinden soll. Die Menschen ertragen den Zufall noch leichter als die Willkür einer zwingenden Gewalt.

Volle Gerechtigkeit unmöglich, weil die Ausscheidung des Erfolgs individueller Leistungen bei dem (ununterscheidbaren) Zusammenwirken Aller in der Production unmöglich ist, weil die Abschätzung des Verdienstes subjectiv ist, und viele Verdienste gar nicht durch wirthschaftliche Güter gelohnt werden können. Die Gerechtigkeit, wenn auch nur die annähernde und durchschnittliche Gerechtigkeit zum alleinigen Massstab der Einkommensvertheilung machen zu wollen, ist ein Ausfluss extremer und zugleich materialistischer Gleichheitsideen. Man vergisst dabei, dass zu einem menschenwürdigen Dasein vor Allem ein gewisses Mass freier Bethätigung der eigenen Kräfte gehört, dass die strenge Gleichheit oder Gerechtigkeit die belebende Freiheit tödtet, dass der Mensch die Folgen eigener Entschlüsse geniessen will und relativ leicht tragen kann. (S. III §. 5.) Die gegenwärtige Kapitalvertheilung kann theilweise auf Machtverhältnisse der Vergangenheit zurückgeführt werden. Es ist aber verwirrend von Unrecht zu sprechen, da hier nothwendig der Gesichtspunkt der Verjährung Platz greifen muss, und Macht überhaupt nicht nothwendig im Gegensatz zu Recht steht. Es kann nur übergrosse Ungleichheit als social gefährlich bezeichnet und auf die höheren Pflichten der Begünstigten hingewiesen werden. — Blick auf verschiedene extrem socialistische Systeme. Aufhebung des Erbrechts, Kapitalaneignung durch den Staat, gesetzliche Fixirung von Lohn und Zins etc. Die Frage ist nicht, ob die Vertheilung auf Grundlagen beruht, die irgend einem subjectiven Ideal der Gerechtigkeit entsprechen, sondern ob sie gesunde Zustände zur Folge hat, der Menschheit in ihrem Streben nach höchsten Culturidealen dient. — Nur unter letzterem Gesichtspunkt wurden z. B. die Ablösungen seit 1848 durchgeführt.

Die Grösse eines Einzeleinkommens ist gleich dem Werth des Inhalts der Vermögensrechte des Einzelnen an den das Gesammteinkommen ausmachenden Gütern resp. Nutzungen.

Das Einzeleinkommen besteht aus dem Inhalt von Vermögensrechten (Waaren), das Gesammteinkommen aus Gütern. Es liegt also derselbe Gegensatz wie zwischen Einzel- und Gesammtvermögen, Einzel- und Gesammtkapital vor.

Die Grösse eines Einzeleinkommens wird praktisch annähernd richtig dadurch erkannt, dass man berechnet, was eine Person innerhalb einer Zeitperiode verzehren kann ohne Verminderung des Privat-Vermögens, das sie oder ihr Rechtsvorgänger zu Anfang dieser Periode besass — mit anderen Worten: das Einzeleinkommen einer Person ist gleich ihrem neuen Sonder-Vermögungserwerb und berechtigtem Genuss von Nutzkapitalien innerhalb einer Periode nach Abzug der Kosten der Erhaltung ihres zu Anfang der Periode vorhandenen Privat-Kapitals.

Dies trifft nur annähernd den Antheil einer Person am Gesammteinkommen, weil darin auch Vermögenstheile enthalten sein können, die lediglich auf Kosten des Kapitalvermögens oder Einkommens Anderer erworben wurden, z. B. Spielgewinne u. dgl., auch Zinsen und Löhne, die auf Kosten des Kapitals des Zahlenden ausgezahlt werden. — Dies ist dasselbe Verhältniss wie auch nicht jedes scheinbare Privatkapital ein Antheil am reellen Gesammtkapital ist. — Scheinbares und wirkliches Einzeleinkommen. Dieser Unterschied in der Steuerlehre praktisch kaum zu berücksichtigen. Wenn Jemand durch Erbschaft erwirbt, so muss er als Fortsetzung der Person des Erblassers gedacht werden, und der neue Erwerb ist Einkommen oder nicht, je nachdem das Erworbene beim Erblasser zum Einkommen oder Kapital gehörte. Geschenke sind entweder Kapitalübertragungen oder Ueberlassung von Einkommenstheilen an Andere.

Da das Gesammteinkommen sich aus Nutzungen erhaltener Nutzkapitalgüter und aus neuen Gütern zusammensetzt, welche durch die Production entstehen, da ferner die Production eine Einwirkung von Arbeit auf Kapitalgüter ist, so vertheilt sich das Gesammteinkommen zunächst unter die Kapitalbesitzer, d. h. Alle, die einen Antheil am Gesammtkapital haben, und die Arbeitenden nach Massgabe ihres Besitzes und ihrer Arbeit durch Vermittlung von Zwang und Vertrag. Das Einkommen, das Jemand so in Folge der ersten Vertheilung des Gesammteinkommens erwirbt, heisst ursprüngliches Einkommen. Theile eines ursprünglichen Einkommens, die ein Anderer dauernd oder vorübergehend berechtigter oder unberechtigter Weise verzehrt, sind abgeleitetes Einkommen des Letztern.

Dahin gehören Alimente, Almosen, Gestohlenes, Zinsen von Staatsgläubigern, die aus Steuerertrag, nicht aus Staatsbahnen u. dgl. fliessen etc. Arbeitslohn ist ursprüngliches Einkommen, d. h. Antheil an dem durch geleistete Arbeit vermehrten Gesammteinkommen. Das Einzeleinkommen besteht nicht in Geld, sondern wird nur oft zunächst in Geld ausgezahlt, und durch Geld wird der Werth eines Einzeleinkommens im Vergleich mit anderen bemessen.

Das Einkommen juristischer Personen wird entweder von einer begrenzten oder unbegrenzten Anzahl concreter Personen ohne weitere Zertheilung und Preisbestimmung genossen (s. oben), oder es ist abgeleitetes Einkommen, d. h. es sind Einkommenstheile concreter Personen, die von der juristischen Person verwendet werden, oder aber es erscheint nur vorübergehend und äusserlich als Einkommen der juristischen Person, um sich alsbald in Einzeleinkommen concreter Personen zu zerlegen. Wichtigkeit dieser Unterscheidungen für die Steuerlehre.

§ 2. Die Einkommensarten.

Kritik der alten Eintheilung: Grundrente, Kapitalgewinn (Zins und Unternehmergewinn), Arbeitslohn; diese Eintheilung schliesst sich an die ältere Lehre von den Productivfactoren an und berücksichtigt nicht die Bestimmung der Einzeleinkommen durch das Recht.

Das ursprüngliche Einzeleinkommen einer Person ergiebt sich:
1) **Durch Zwang, der auf der Rechtsordnung beruht.**

Fall des Einkommens unfreiwilliger Staatsdiener. Ein Mischfall zwischen 1 und 3 ist der, dass das Arbeitsverhältniss auf Vertrag beruht, der Lohn aber durch Gesetz oder Verordnung bestimmt wird. Ebenso der Zins von gesetzlicher Höhe. Auf Zwang beruht auch oft abgeleitetes Einkommen und zwar öfter als ursprüngliches: Zinsen von Zwangsanlehen, Geldstrafen etc.

2) **Als unmittelbarer Ausfluss des Eigenthums und der Freiheit der Person.**

Nutzung eigenen Nutzkapitals, Erwerb und Genuss von Producten, die durch Einwirkung eigner Arbeit auf eigenes Kapital entstehen, (Genuss eigener Dienstleistungen. Die Preisbemessung solchen Einkommens.

3) **Durch Vermittlung von Verträgen. Dieser Fall ist heutzutage der wichtigste.**

Abgesehen von den ad 1 erwähnten Mischfällen ist zu unterscheiden, ob es sich um Verträge von Person zu Person oder um Verträge zwischen organisirten Vereinen von Personen handelt. — Organisation der Gewerbe. S. oben beim Preis.

Das durch Vertrag bestimmte Einkommen ist:

a) **Zins, d. h. das Einkommen eines Gläubigers, das durch den Creditvertrag mit dem Schuldner festgesetzt wird.**

Pachtzins, Miethzins, Darlehenszins, Naturalzins, Geldzins. Nur der Zins aus productiven Creditgeschäften ist immer ursprüngliches Sonder-Einkommen, er ist ein Antheil an dem vom Schuldner mit Hülfe des geliehenen Kapitals hergestellten Reinertrage.

b) **Arbeitslohn d. i. das Einkommen Desjenigen (Lohnarbeiters), der durch (Lohn)vertrag einem Andern (Lohnherrn) das exclusive Verfügungrecht über von ihm zu leistende Dienste resp. deren Erfolg gegen Entgelt überträgt.**

Natural- und Geldlohn. Genau und ungenau bestimmte Dienste. Der Lohnarbeiter verkauft entweder die Verfügung über persönliche Dienstleistungen, deren Genuss direct in das Einkommen des Lohnherrn übergeht, (persönliche Diener) oder solche, deren Erfolg dem Lohnherrn gehört (Arbeiter in Erwerbsgeschäften). Meist handelt es sich darum, dass der Lohnherr das Eigenthum an den vom Lohnarbeiter hergestellten Sachgütern erwirbt (sachliche Dienstleistungen). In letzterem Fall schiesst der Lohnherr den Lohn vor, der eigentlich erst nach vollständigem Abschluss des ganzen Productionsprocesses entsteht. Lohn und Zins sind einfach der Preis von Arbeitsleistungen und Kapitalnutzungen, oder genauer der Preis für die Verfügung über Dienstleistungen und die übertragene Verfügung über Kapitalgüter. Nicht jedes auf Kapitaleigenthum und Arbeit beruhende Einkommen ist Zins und Lohn. Wesentlich sind die Verträge.

c) Unternehmereinkommen d. i. das Einkommen Desjenigen, der das exclusive Verfügungsrecht über die in einem Erwerbsgeschäft hergestellten Producte erwirbt.

Meistens handelt es sich um Eigenthum an Sachgütern; ausnahmsweise wie beim Chef eines Dienstmannsinstituts etc. um Rechte auf persönliche Dienstleistungen.

Die Grösse dieses Einkommes bestimmt sich durch den Preis der Waaren, welcher, abgesehen von dem Fall, dass der Unternehmer die Producte, die dann taxirt werden müsssn, selbst verzehrt, durch Verkaufsverträge bestimmt wird, nach Abzug des Preises der bei der Production verbrauchten Waaren resp. der verlorenen und wieder zu ersetzenden Privatkapitaltheile und durch die vom Unternehmer abgeschlossenen Lohn- und Zinsverträge. Das Unternehmereinkommen ist der Theil des Reinertrags des Geschäfts, der dem Unternehmer zukommt.

Auch der nur mit eigenem Kapital und eigener Arbeit wirthschaftende Unternehmer fällt nicht unter den Fall ad 2, wenn er nicht seine Producte alle selbst verzehrt.

Die Grundrente ist entweder Theil des Unternehmereinkommens selbstständiger Landwirthe oder Zins von Bodenkapital. Unternehmergewinn ist der Theil des Unternehmereinkommens, um welchen dasselbe den landesüblichen Zins vom eignen Kapital und Lohn für die Arbeit des Unternehmers übersteigt.

Löhne von Arbeitern mit eigenen Werkzeugen und mit Tantiémen sind eine Mischung von Lohn und Unternehmereinkommen. Dividenden stehen zwischen Zins und Unternehmereinkommen in der Mitte.

Alles ursprüngliche durch Vertrag ausgeschiedene Sondereinkommen beruht auf Arbeit oder Vermögensrechten an Kapital (Besitz) (s. § 1). Und da die Unternehmer meist Privatkapitalisten sind, so kann man sagen, der Lohn beruht auf Arbeit, der Zins auf Besitz, das Unternehmereinkommen auf Arbeit und Besitz.

Das Wort Besitz ist hier, wie immer, nicht im juristischen Sinne von Besitz im Gegensatz zu Eigenthum gemeint, sondern es bedeutet das Innehaben von Vermögensrechten.

Innerhalb jeder der drei (a—c) genannten Einkommensarten steht das Einkommen Derjenigen, die gleichviel Kapital anwenden und sich in gleichem Masse durch Arbeit anstrengen, über, gleich oder unter dem Durchschnitt. Das Einkommen über dem Durchschnitt heisst Extragewinn.

Extragewinne bei Zins oder Unternehmereinkommen führen, wenn dauernd, oft zu Preiserhöhungen gewisser Kapitalien, dauernde Einkommen unter dem Durchschnitt zu Preisverminderungen. Extragewinne als Ursache der Vermögensungleichheit und Ansporn zu energischem Wirthschaften. Sie hängen ab von der Conjunctur und von der Geschicklichkeit der Producenten — von Glück und Verdienst.

Diejenigen, welche das gleichartige Einkommen beziehen, bilden, wenn es sich um ihr Haupteinkommen handelt, wegen der Aehnlichkeit der Interressen einen ökonomischen Stand: Unternehmer, Lohnarbeiter, Zinsgläubiger.

Moderne Stände im Gegensatz zu Kasten, Geburtsständen, privilegirten Ständen etc. Die modernen Stände beruhen indirect auf dem Rechtssystem, und auf der gewordenen Vermögensvertheilung. Allgemeiner Drang nach neuer Organisation der Stände. Unterabtheilung der drei genannten Haupt-Stände nach den Productionszweigen.

Die einzelnen Mitglieder jedes Standes concurriren unter einander um das höchste Einkommen, jeder Stand sucht aber auch im Gegensatz zu allen andern den höchsten Antheil am Gesammteinkommen zu erringen.

Zusammenhang dieser Interessenkämpfe mit den bei der Preislehre erwähnten Interessenbewegungen. Die Organisation der Stände sucht den Kampf innerhalb jedes Standes aufzuheben und jeden Stand im Kampf gegen die anderen zu stärken.

Da die Zinsgläubiger meistens zugleich Unternehmer oder Arbeiter sind, so treten sie als ein seine Interessen kämpfend vertretener Stand weniger hervor.

Doch kommt dies vor z. B. wenn es sich um Aenderung der Währung handelt. Wiederabschaffung eines entwertheten Papiergelds begünstigt Gläubiger etc.

Da ferner heutzutage die kleinen Unternehmer immer mehr zu Lohnarbeitern herabsinken, während die höher gebildeten Lohnarbeiter gewöhnlich Privatkapital haben oder doch ihre Bildung nur durch Kapitalverwendung erworben haben, so ist der wichtigste Interessengegensatz zwischen Ständen der zwischen den grösseren kapitalreicheren Unternehmern einerseits, den besitzlosen mechanische Dienste leistenden Lohnarbeitern andererseits.

Sogenannter Kampf zwischen Kapital und Arbeit entschieden vorhanden trotz dessen, dass von anderen Gesichtspunkten aus Harmonie der Interessen besteht. Das Wort Arbeiter als technischer Ausdruck bezeichnet nicht jeden Arbeitenden, sondern den besitzlosen oder doch sehr kapitalarmen mechanischen Lohnarbeiter.

§ 3. Unternehmereinkommen.

Es lässt sich weder eine natürliche Höhe des Unternehmereinkommens überhaupt oder des durchschnittlichen Unternehmereinkommens angeben, noch ist es möglich die Höhe des Unternehmereinkommens auf eine einfache Ursache zurückzuführen. Jedenfalls ist die Grösse des Einkommens einzelner Unternehmer auch bei gleichem Privatkapital und gleicher Arbeitsenergie sehr verschieden; Extragewinne und Verluste sind hier besonders häufig.

Es liegt im Wesen der Unternehmerstellung auf einen unsicheren Erfolg zu speculiren. Das Unternehmereinkommen ergiebt sich, wenn man von dem Product aus der Menge der hergestellten Waaren und ihres Preises die Selbstkosten abzieht. Irrthümer über die künftige Gestaltung dieser drei Grössen entstehen durch Zufall und durch ungeschickte Berechnung. Die freie Concurrenz gleicht nur sehr annähernd aus.

Das durchschnittliche Einkommen der Unternehmer ist in längeren Zeiten etwas höher als die Summe des landesüblichen Zinses vom eigenen Kapital und des Lohnes der eigenen Arbeit der Unternehmer sein würde, d. h. es enthält einen Unternehmergewinn. In schlechten Zeiten aber kann dies nicht der Fall sein.

Die Nothwendigkeit der Existenz des Unternehmergewinns kann weder aus den eigenthümlichen Verdiensten des Unternehmers noch durch die Theorie von der Risicoprämie bewiesen werden. Statistik zur Berechnung des factischen durchschnittlichen Unternehmereinkommens resp. Gewinns fehlt gänzlich. Nur die Ausweise von Aktiengesellschaften geben einigen Anhalt zu der Annahme, dass die durchschnittlichen Unternehmergewinne grosser Geschäfte in längeren Zeiten keine beträchtlichen positiven Grössen sind. Vereinzelte hohe Unternehmergewinne daher kein triftiger Grund gegen die Gesundheit unserer Zustände.

Die Höhe des durchschnittlichen Unternehmereinkommens ist um so grösser, je grösser das Gesammteinkommen ist und je niedriger Löhne und Zinsen sind. D. h. genauer:

je energischer die Arbeit ist und je mehr Arbeit gethan wird,

je mehr Kapitalgüter vorhanden sind und je intelligenter sie benutzt werden,

je besser die Arbeit organisirt und auf Production der begehrtesten Producte hingelenkt ist,

je grösser in Folge dessen die Menge der neu hergestellten Producte und ihr Ueberschuss über die verbrauchten Güter ist,

je rascher und sicherer der Absatz der Producte ist,

je höher der Preis derselben ist,

auch sogenannte allgemeine nominelle Preissteigerung der Waaren oder Geldwerthverminderung bereichert die Unternehmer, wenn nicht Zinsen und Löhne rasch noch mehr steigen;

je niedriger der Zinsfuss ist,
je mehr eigenes Privatkapital die Unternehmer haben,
je geringer die Löhne im Verhältniss zur Leistung sind.

In guten Zeiten gewinnen, in schlechten verlieren die Unternehmer am meisten. — Einfluss der Absatzverhältnisse.

Das Einkommen des einzelnen Unternehmers ist um so grösser, je mehr die das durchschnittliche Unternehmereinkommen erhöhenden Gründe bei ihm wirksam sind.

Wirkung von Monopolen.

Innerhalb des Systems der freien Einkommensvertheilung nehmen die Unternehmer eine herrschende Stellung ein.

Sie geben an, was und wie gearbeitet, wie das Kapital verwendet werden soll. Eigenthümlicher und hoher Nutzen dieser Thätigkeit, die auch in einem Systeme der Zwangsproduction nicht entbehrt werden könnte, sondern durch zahlreiche Beamte geleistet werden müsste. Solche Beamte können Vortreffliches leisten, wenn einzelne zwangsmässig organisirte Productionszweige neben freien Privatunternehmungen bestehn (Post), könnten aber niemals eine die Gesammtheit aller Bedürfnisse befriedigen sollende Production richtig reguliren. Die Unternehmer zahlen die Löhne und Zinsen aus. Verschiedene Stellung der grossen, mittleren und kleinen Unternehmer; letztere haben keine Lohnarbeiter, die mittleren leisten dieselbe Thätigkeit wie ihre Lohnarbeiter, die grossen nur die Leitung des Betriebs.

Die Unternehmerstellung wird heutzutage gewöhnlich nur auf Grundlage von Privatkapitalbesitz erlangt. Es ist wichtig, dass trotz der Zunahme der grossen Unternehmungen auf Kosten der kleinen eine möglichst grosse Zahl von Personen die Unternehmerstellung erlange.

Lage der Dinge in den wichtigsten Productionszweigen. Wichtig vor Allem die Aussicht auf künftigen Erwerb der Unternehmerstellung. Wenn mehr als die Hälfte der in einem Erwerbszweig Beschäftigten Lohnarbeiter sind, so muss ein Theil immer Lohnarbeiter bleiben.

Dies wird möglich, wenn in einer Unternehmung mehrere Personen Unternehmer sind. Mitunternehmer, Theilhaber.

Die Mitunternehmerschaften sind entweder Gesellschaften oder Genossenschaften; erstere sind juristisch durch das Handelsrecht, letztere durch das specielle Genossenschaftsrecht geregelt. Factisch unterscheiden sie sich ökonomisch dadurch, dass die Gesellschafter

Privatkapital einbringen, die Genossenschaften aber Verbindungen von Personen sind, die erst Kapital erwerben wollen. Das Wesen der Gesellschaft tritt am stärksten in der Actiengesellschaft, das der Genossenschaft in der Productivassociation (und industrial partnership) hervor.

Die Productivassociation ist die Auflösung des Gegensatzes zwischen Arbeit und Kapital. Zur Zeit ist ihre Verallgemeinerung nicht möglich; man muss sich mit Genossenschaften begnügen, die den Lohnarbeiter nebenbei zum Mitunternehmer oder kleinen Kapitalisten machen (Vorschuss-, Spar-, Bau-, Consumvereine etc.), sowie mit Einrichtungen, welche die Lage des Arbeiters sichern und bessern und ihn erziehen, so dass wenigstens ein Theil der Arbeiter in die Stellung eines Werkführers etc. aufrücken kann.

Wesen der offenen, stillen, Commandit- und Actien-Gesellschaft. Haftbarkeit. Natürliche Entstehungsgründe dieser Gesellschaften. Geschichtliche Entwicklung des Actienwesens. Heutige Gesetzgebung. Reformvorschläge. Es ist vor Allem eine verschärfte Haftung der Gründer und Projectanten, der Directoren und Verwaltungsräthe herzustellen und der Verkauf nicht voll eingezahlter Actien zu erschweren. Natürliches Gebiet der Actiengesellschaften, welche durchaus nicht vollständig entbehrt werden können. Einschränkung desselben durch Staatsunternehmungen.

Genossenschaftswesen in Frankreich, England und Deutschland. Solidarische Haftbarkeit in Deutschland. Consumvereine in England, Vorschussvereine in Deutschland. Die solidarische Haftbarkeit nur bei Genossenschaften von wenigen Theilnehmern natürlich, bei Genossenschaften von Tausenden von Mitgliedern wird die Solidarhaft zur Illusion, und dieselben bedürfen daher einer besonderen mehr der der Actiengesellschaften ähnlichen Gesetzgebung. Bisherige Erfolge der Productivassociation. — Andere Bestrebungen zur Hebung des Proletariats zur Zeit erfolgreicher. — Das Bestreben, durch Productivassociation den Lohnarbeiter zum Mitunternehmer zu machen fällt mit dem Bestreben, dem Lohnarbeiter überhaupt den Eigenthums- resp. Kapitaleigenthumserwerb zu erleichtern nicht zusammen, sondern ersteres Streben ist nur die weitestgehende Art des letzteren.

§ 4. Zins.

Jeder Zins ist ein Preis, den der Schuldner für eine vom Gläubiger gewährte oder durch ihn ermöglichte Benutzung von Kapitalgütern zahlt. Diese Benutzung kann aber einen rechtlich verschieden normirten Umfang haben.

Die formell bei Abschluss des Creditgeschäfts vom Gläubiger sofort übertragene Waare kann sein

1) Eigenthum an Quantitäten von Geld,

2) oder anderen fungiblen Gütern — in beiden Fällen unter der Bedingung späterer Rückübertragung von Eigenthum an gleichen Quantitäten derselben Güter,

3) oder Nutzung an bestimmten im Eigenthum des Gläubigers verbleibenden Gütern im Umfang des Commodats etc.

Der Fall 2 ist praktisch unwichtig, Fall 1 und 3 erfordern gesonderte Betrachtung. Im ersten Fall wird der Zins selbst gewöhnlich in Geld gezahlt. Man kann daher sagen, dass zuerst zu untersuchen ist der Geldzins von (darlehensweise übertragenen) Geldkapitalien.

Der Fall wird bestimmt durch das rechtliche Verhältniss zwischen Schuldner und Gläubiger, factisch ist das was der Schuldner erlangen will auch hier die Benutzung von Kapitalgütern, die er mit dem dargeliehenen Gelde kauft. Das Creditiren des Kaufpreises beliebiger Waaren fällt unter den Fall 1, weil es wirthschaftlich dasselbe ist, als wenn der Käufer mit dargeliehenem Gelde die Waaren gezahlt hätte. Der Fall 1 ist nicht nur häufiger, sondern er ist theoretisch für die Zinslehre noch wichtiger als der Fall 3. Denn bei allen Geldkapitalverleihungen gegen Geldzins erscheint das gesammte umgesetzte Kapital als eine einheitliche Masse. Der Schuldner empfängt einen in Geld bemessenen Antheil am Gesammtkapital. Der versprochene Zins ist ohne Einfluss auf den Preis der vom Schuldner bezogenen Waaren. Das Verhältniss zwischen Zins und Kapital kommt also rein zur Erscheinung und lässt sich ohne Weiteres in Procenten des Kapitals ausdrücken. — Reducirung des Zinsfusses auf den Jahreszins.

Um den reinen Zins zu erhalten, muss man von dem pactirten Zins oft eine Risicoprämie abziehen.

Im Falle 3 kann noch eine Abnutzungsprämie dazukommen.

Die Höhe des reinen Zinsfusses wird, soweit nicht Gesetze, Sitte und Gewohnheit einwirken, durch die Nachfrage der Schuldner und das Angebot der Gläubiger bestimmt.

Zinsverbote und Zinsmaxima. Erstere sind bei Vorherrschen von productivem Credit unsinnig, letztere verfehlen ihren Zweck. Polizeiliches und criminalistisches Einschreiten gegen unsittliches Verleiten zu leichtsinnigem consumtivem Credit deshalb nicht zu verwerfen.

Die Nachfrage geht aus von productiven Unternehmern, daneben von Consumenten, das Angebot von Privatkapitalisten, die ihr Kapital nicht selbst bewirthschaften wollen.

Unter den Consumenten ist heute der Staat der wichtigste. Staatsschulden. Zu Denjenigen, welche die Concurrenz der Nachfragenden steigern, gehören auch die Actiengesellschaften.

Der reine Zins gleichzeitig verliehener Geldkapitalien gleicht sich in grossen Marktgebieten in Folge der Flüssigkeit des Geldkapitals in höherem Grade aus als andere Preise. Nur bilden dabei die Verleihungen auf kurze und lange Zeit besondere Gruppen, indem die letzteren von vorübergehenden Ursachen weniger beeinflusst werden.

Zins von Hypotheken und Disconto.

Die Nachfrage von Consumenten hängt zumeist von unberechenbaren Ursachen ab; die Nachfrage productiver Unternehmer aber wächst mit der allgemeinen Unternehmungslust, welche ihrerseits abhängt von der wirthschaftlichen Energie des Volkes und von den Annahmen über das künftige Unternehmereinkommen.

Zeiten starker und schwacher Speculation.

Das Angebot hängt ab von dem Vertrauen in die Zahlungsfähigkeit der Schuldner, von der Menge der Menschen, die ihr eigenes Kapital nicht bewirthschaften wollen, und von der Menge namentlich des neuangesammelten Kapitals.

Da niedriger Zins sowohl von schwacher Nachfrage als von starkem Angebot herrühren, und da das starke Angebot nicht nur auf Fülle von Kapital, sondern auch auf Häufigkeit von Rentnern beruhen kann, so ist niedriger Zins nicht immer etwas Erfreuliches. — Geschichte des Zinsfusses unter verschiedenen Culturverhältnissen. Der Zins kann nicht auf 0 sinken. Eine Maximalgrenze lässt sich nur in soferne festsetzen, als der Zins auf die Dauer den durchschnittlichen Unternehmergewinn nicht auf 0 reduziren kann.

Auf das Angebot und damit auf den Zinsfuss hat namentlich bei Verleihungen auf kurze Zeit auch die derzeitige Menge des Geldes einen gewissen Einfluss, wenn auch in Wirklichkeit nicht Geld, sondern die Benutzung von Kapital, das seinem Geldpreis nach bestimmt ist und dadurch als einheitliche Masse erscheint, seitens des Schuldners begehrt wird.

Die Redensart vom knappen Gelde hat seine beschränkte Berechtigung, weil vorübergehende Vermehrung oder Verminderung des Geldes nicht gleich auf die Preise einwirkt, aber die Leichtigkeit des Ansammelns flüssiger Kapitalien und die Bereitwilligkeit zum Creditgeben beeinflusst. — Discontoschwankungen. — Verhältnisse in Papiergeldländern.

Die durchschnittliche Höhe des Geldzinses von Geldkapitalien in einem Marktgebiet bestimmt den landesüblichen Zinsfuss. Dieser hängt also von dem gesammten Angebot und der gesammten Nachfrage nach Kapitalnutzung ab, soweit diese sich zunächst und formal in Nachfrage nach Gelddarlehen äussert. Der Zins bei pacht-, mieth- oder leihweise übertragenen (nicht fungiblen)

Kapitalgütern (Fall 3) wird ebenfalls, soweit nicht Gesetz und Gewohnheit wirken (was namentlich bei landwirthschaftlichen Pachtungen der Fall ist), durch Angebot und Nachfrage bestimmt, aber durch das specielle Angebot und die specielle Nachfrage, welche sich in Bezug auf die Nutzung jeder Art solcher Güter entwickeln. —

Diese Zinse haben auf die Bestimmung des landesüblichen oder durchschnittlichen Zinsfusses nur einen Einfluss und werden von ihm nur beeinflusst d. h. hängen mit dem Geldzins von Geldkapitalien nur zusammen, wenn und insoweit der Preis des Eigenthums an den betreffenden Kapitalgütern nicht selbst vom erreichten Zinse abhängt. Soweit letzteres Abhängigkeitsverhältniss stattfindet, wird der Zins unabhängig vom landesüblichen Zinsfuss bestimmt.

D. h. im Fall 3 kommt es vor, dass der unter Zugrundelegung des landesüblichen Zinsfusses kapitalisirte Zins den Preis des Eigenthums an dem zur Benutzung des Schuldners überlassenen Kapitalgut beeinflusst und bestimmt, der landesübliche Zinsfuss also diesen Preis regulirt und nicht den Zins.

Bei Verleihung von concreten fixen Kapitalgütern und Nutzkapitalien, insbesondere bei Vermiethung von Häusern und Verpachtung von Grundstücken kommt vielfach die weitere Eigenthümlichkeit vor, dass bei steigender Nachfrage nach diesen Gütern das Angebot entweder gar nicht oder doch nur so vermehrt werden kann, dass die Qualität der neuen Güter schlechter ist oder diese nur mit grösseren Kosten hergestellt werden können. Ebenso der Fall, dass bei sinkender Nachfrage das Angebot nicht, oder doch nicht schnell eingeschränkt werden kann. Es treten dann Aenderungen des Preises und des Zinses dieser Kapitalien ein, die entweder die Gläubiger oder die Schuldner begünstigen. Besondere Aufmerksamkeit haben die Aenderungen des Preises und Zinses von Grund und Boden hervorgerufen, obwohl die Erscheinung bei allen fixen Kapitalien vorkommt. Es ist unpraktisch unter Grundrente nur den Ertrag des dem Boden von der Natur verliehenen Werths zu verstehn, da dieser praktisch nicht ausgeschieden werden kann, sondern das Immobile mit seiner ganzen jetzigen Brauchbarkeit in den Verkehr tritt, gleichgültig in welchem Masse diese auf der Natur und auf guter Behandlung durch die vergangenen Besitzer beruht.

Grundrente ist der Zins, der bei Verpachtung resp. Vermiethung von Bodenkapital erzielt wird.

Durch Fiction wird auch der Theil des Unternehmereinkommens von Landwirthen Grundrente genannt, der dem Zinse gleichkommt, den diese bei Verpachtung ihres Bodens erzielen könnten.

Die Grundrente steigt, abgesehen von vorübergehenden Schwankungen durch Angebot und Nachfrage nach Pachtgütern, wenn die Nachfrage nach Bodennutzungen und Bodenproducten steigt und das Angebot nur mit steigenden Kosten vermehrt werden kann. Mit der Grundrente steigt der Preis des Bodens selbst insoferne dies nicht durch Steigen des landesüblichen Zinsfusses etc. ausgeglichen wird. Das Eigenthümliche des Falls liegt in der Unbeweglichkeit des Bodens und dem Umstand, dass ein bestimmtes Grundstück bei richtiger Behandlung eine unbegrenzte Zeit hindurch als solches besteht und beobachtet werden kann.

Literatur der Grundrentenlehre. Die Ricardo'sche Grundrentenlehre überschätzt die Bedeutung des Naturfactors in der Landwirthschaft und übertreibt einseitig den Monopolcharakter des Grundbesitzes.

Die Extragewinne der Grundbesitzer sind im Allgemeinen nicht so besonders gross, wenn man nur die individuellen Eigenthümer während ihrer Besitzperiode betrachtet und sich nicht in die Fiction verliert, als seien die jetzigen Grundbesitzer dieselben Personen wie die ersten Occupanten. Durch Erbtheilungen und Verkäufe haben sich die Extragewinne der Zwischenzeit unter das ganze Volk vertheilt. Es ist praktisch falsch, von besonders unverdientem Gewinn des Bodenmonopols zu reden. Das Gleiche kann auch bei anderen fixen Kapitalien vorkommen. Die Kapitalzunahme und steigende Produktivität in Handel und Industrie können das Steigen der Grundrente mehr als aufwiegen. — Einfluss von Verbesserungen der Betriebsweise und von Zufuhr von Bodenproducten aus dem Ausland.

Ueber den Interessengegensatz zwischen Grundbesitzern und anderen Kapitaleigenthümern. Zusammenhang zwischen diesen Interessenkämpfen in England und der Entstehung der Ricardo'schen Lehre, welche eine gewisse (von Carey etc. nicht widerlegte) Wahrheit enthält, aber höchst tendenziös übertrieben ist. Gründe der Erscheinung, dass die Grundrente den vor kurzer Zeit gezahlten Kaufpreis des Bodens oft niedrig verzins't. Der Fall, dass übertriebene Anschauungen über künftiges Steigen der Grundrente den Bodenpreis übertrieben steigern, ein Hauptgrund von landwirthschaftlicher Noth. Dieser Fall gleich dem übertriebenen Preissteigen industrieller Anlagen.

§ 5. Arbeitslohn.

Das Vorkommen des Lohnarbeiterverhältnisses ist bedingt durch die Anerkennung des Grundsatzes der persönlichen Freiheit, durch die ungleiche Vertheilung des Privatkapitals und die Nothwendigkeit der Vereinigung vieler Arbeitskräfte in einer Unternehmung.

Das Lohnarbeiterverhältniss bedingt persönliche Abhängigkeit während der Arbeitszeit und in Bezug auf die Arbeit. Es ist ein grosser Fortschritt gegenüber Sclaverei, Leibeigenschaft und Frohndienst. Lohnverträge auf Lebensdauer, auf unbestimmte Zeit ohne Kündigungsrecht des Arbeiters etc. heben die Freiheit der Person und damit das Wesen des Lohnvertrags selbst auf.

Trotz der Freiheit der Person ist der Arbeitsfähige ohne Privatkapital factisch zum Eingehn irgend eines Lohnverhältnisses gezwungen. Der Gedanke der völligen Aufhebung des Lohnverhältnisses ist zur Zeit utopisch. Es kann nur danach gestrebt werden, dem Lohnarbeiter die Möglichkeit sich emporzuschwingen zu gewähren, d. h. das Gebiet des Lohnverhältnisses einzuschränken, und die Lage des Lohnarbeiters als solchen zu bessern und zu sichern.

Statistik über die Zahl der Lohnarbeiter männlichen und weiblichen Geschlechts in verschiedenen Erwerbszweigen. Verschiedenheit der Lage im Kleingewerbe und in der Grossindustrie. Bedeutung des Lohnverhältnisses für die Erlernung der Gewerbe.

Institutionen, die das Gebiet des Lohnverhältnisses einschränken, sind:
1) freie Theilbarkeit, Verkäuflichkeit und Vererblichkeit des Kapitals insbesondere des Grund und Bodens. — Ablösungen — Primogeniturgesetze;
2) Genossenschaften, welche das Herabsinken kleiner Unternehmer ins Proletariat verhüten (Vorschussvereine, Werkzeug-, Rohstoff-, Magazinvereine);
3) Genossenschaften, welche den Proletarier zum Unternehmer emporheben (Productivassociation etc. s. § 3). Gedanke der Staatshilfe für solche Unternehmungen nicht principiell verwerflich, weil ja der Staat die verschiedensten Arten gemeinnützlicher Organisationen (Eisenbahnen, Banken) jederzeit unterstützt hat, aber verfrüht.

Zur Sicherung der Lage des Lohnarbeiters dienen vor Allem die Hilfskassen.

Hilfskassenwesen in England, Deutschland, Frankreich. Besonders wichtig sind die Alters- und Invalidenkassen. Zwangskassen, Kassenzwang, freie Kassen. Es kommt vor Allem darauf an, dass diese Kassen Glieder grosser weitverzweigter Organisationen und Schulen der Interessenselbstverwaltung werden. Ergänzend muss aber überall eintreten die öffentliche Armenpflege. Wichtigkeit letzterer Frage in England. Stand der Dinge in Deutschland. Die Armenpflege als subsidiäre Zwangsversicherung.

Zur Verbesserung der Lage des Arbeiters dienen:
1) Institutionen, die den Arbeiter nebenbei zum kleinen Kapitalisten oder Unternehmer machen: Vorschussvereine, Consumvereine, Sparkassen, Baugenossenschaften. Sorge humaner Arbeitgeber für Arbeiterwohnungen, Arbeiterschulen etc.
2) Alles erfolgreiche Streben nach allmäliger Erhöhung des Lohnes und Herabsetzung der Arbeitszeit (s. unten). — Fabrikgesetze. Verbot des Trucksystems, der Lohnzahlung in Wirthshäusern.

Zur Sicherung und Verbesserung der Lage des Lohnarbeiters endlich dienen alle Einrichtungen zur Verbesserung des Lehrlingswesens, alle friedlichen Organisationen der Arbeiter unter sich oder der Arbeiter und Arbeitgeber, vermehrte Bildung der Arbeiter, Alles, wodurch das Arbeitsverhältniss sicherer, die Lohnhöhe stätiger wird etc.

Alle Bestrebungen die Lage des Lohnarbeiters hoffnungsreicher, ökonomisch besser und sicherer zu machen, bilden den Inhalt der modernen Arbeiterfrage, die der wichtigste Theil der socialen Frage ist. Es ist hiezu nöthig Selbsthilfe der Arbeiter, humanes Entgegenkommen der Arbeitgeber, Unterstützung aller gemeinnützlichen Bestrebungen durch den Staat. Der Staat hat die Aufgabe, die Organisationen der Interessenten in die rechte Bahn zu lenken (Lehrlingsgesetzgebung, Gesetze über Gewerbegerichte etc., Genossenschafts-, Hilfskassen-, Coalitionsgesetzgebung), und er hat die Aufgabe durch Verbot und Zwang den humanen gemeinsinnigen Interessenten die Bethätigung ihrer Gesinnung gegenüber andersdenkenden Concurrenten zu ermöglichen (Fabrikgesetzgebung und Verwandtes). Nebenbei: Lohntaxen, Contractbruchgesetze etc. Zusammenhang der socialen mit politischen Fragen. Die socialdemokratische Partei das derzeitige Product des alten Bundes zwischen politischer Revolution und materieller Noth. Das beste Gegenmittel gegen diese Agitation ist die sociale Reform. Strenge Unterdrückung rechtswidriger Thaten oder Agitationen nöthig aber nicht allein genügend.

Die Lage der Lohnarbeiter ist verschieden bei geistigen und mechanischen, bei gelernten und ungelernten Arbeitern.

Die geistigen Arbeiter stehen je nach ihrer Löhnung mit ihren Interessen den besitzenden Ständen oder den mechanischen Arbeitern näher. Die gelernten Arbeiter als neue Arbeiteraristokratie.

Der Lohn ist theils Natural- theils Geldlohn.

Verbot des Truck-Systems.

Verhältniss von Instleuten und ähnlichen landwirthschaftlichen Arbeitern. Gewährung von Kost und Wohnung an die Arbeiter. Taglöhner und Gesinde.

Von Bedeutung ist die Dauer der Zeit, für welche das Lohnverhältniss durch Vertrag eingegangen ist.

Auch wenn der Vertrag auf kurze Zeit eingegangen ist, aber factisch Aussicht auf Fortsetzung des Verhältnisses besteht, ist dies von Einfluss.

Je weniger irgendwelche Organisationen die Parteien binden, desto mehr herrschen kurze Lohnverhältnisse und Geldlohn vor.

Freizügigkeit, Gewerbefreiheit, Einfluss verbesserter Transportanstalten. Das sittliche Band zwischen Arbeitgeber und Arbeiter wird dadurch gelockert, die Sicherheit des Letzeren vermindert, seine Fähigkeit grösseren Lohn zu erzielen, erhöht.

Der reine Lohn ist nur der fixirte Entgelt für Arbeitsleistungen. Nicht dazu gehören ein Entgelt für die Benutzung eigenen Kapitals des Arbeiters sowie Tantièmen am gesammten Geschäftsgewinn.

Arbeiter mit eigenen Werkzeugen, in eigenen Arbeitsräumen etc., sowie Arbeiter mit Tantième sind zugleich Unternehmer. Zu den ersteren gehören auch Diejenigen, die sich der sogenannten Hausindustrie befleissen.

Tantièmen immer bei höheren Arbeitern am Platze; bei gewöhnlichen Arbeitern sind sie namentlich in Geschäften, die stark von Conjuncturen abhängen, nicht unbedingt zu rechtfertigen. Der „Bonus" bei industrial partnerships.

Der reine Lohn ist Zeit-, Stück- oder Accordlohn, je nachdem er sich nach der Zeit der Arbeit, nach dem Product individueller Leistungen oder dem vereinigten Product der Arbeit mehrerer Arbeiter richtet.

Der Accordlohn (Gruppenaccord) grenzt schon an das Unternehmereinkommen: er ermöglicht in grossen Unternehmungen selbstständigere Stellung der besseren Arbeiter, gewöhnt die Arbeiter an selbstständige Verwaltung ihrer Interessen, ermöglicht die Zuweisung von Lehrlingen an ältere Arbeiter etc. etc. Der Stücklohn ist dem Zeitlohn nicht unbedingt vorzuziehen. Er bringt Gefahr für die Qualität der Producte und für gleichmässige Fortsetzung der Arbeit. Vielfach ist er factisch unmöglich. Wo er möglich ist, wird er ungefährlicher wenn der Lohnvertrag der individuellen Festsetzung entzogen ist.

Bei der Frage nach der Höhe des Lohns ist zu unterscheiden die absolute Höhe des Lohns und die Höhe desselben im Verhältniss zur Leistung.

Zwischen Höhe des Lohns und der Leistung besteht eine Wechselwirkung, indem bessere Bildung, Nahrung, Wohnung etc. höhere Leistung ermöglichen, und umgekehrt die höhere Leistung den Lohnherrn zur Zahlung grösseren Lohns befähigt. Die höhere Leistung drückt den Lohn als stärkeres Angebot von Leistungen nicht herab, weil bei Verallgemeinerung höherer Leistung auch die Nachfrage nach den Producten steigt. Der Arbeitgeber gewinnt durch die höhere Leistung doppelt, weil dadurch auch sein Kapital in der gleichen Zeit besser verwerthet wird. — Bei dieser ganzen Frage kommt es auf den dauernden, nicht vorübergehenden Stand der Löhne an. — Gefährlichkeit plötzlicher Lohnsteigerungen.

Die Höhe des Lohnes ist nach Gewerbszweigen, nach Gegenden und in individuellen Fällen sehr verschieden, und zwar zeigt die absolute Lohnhöhe grössere Differenzen als die relative.

Grund hievon ist nicht nur die Verschiedenheit individueller Anlagen, die Eigenthümlichkeit aufreibender, gesundheitsgefährlicher, intermittirender, gelernter Arbeit, dauernder (mit Pensionsrecht versehener) und unsicherer Engagements etc. etc. — sondern insbesondere noch der Umstand, dass Sitte, Gewohnheit, Unkenntniss des Markts, Kosten der Ortsveränderung etc., die ausgleichende Wirkung der freien Concurrenz sehr beschränken. — Lohnstatistik.

Die Höhe des vertragsmässigen Lohns wird zunächst beeinflusst durch die Sitte, durch Liberalität der Arbeitgeber und Genügsamkeit der Arbeiter.

Der Einfluss dieser Factoren oft unterschätzt. — Gelegentlicher Blick auf frühere Lohntaxen im Zusammenhang mit der Armenpflege.

Soweit die genannten Factoren nicht wirken und das Interesse der Parteien allein den Vertragsabschluss beeinflusst, wird der absolute und relative Lohn wie jeder Preis durch Angebot und Nachfrage bestimmt. Die verkaufte Waare ist die exclusive Verfügung über Arbeitsleistungen resp. deren Erfolg, oder kürzer: die Arbeitsleistung.

Eigenthümlich ist bei dieser Waare, dass der Verkäufer in gewisser Ausdehnung dem Käufer Herrschaft über seine Person einräumt.

Die Nachfragenden sind Solche, die persönliche Dienste gebrauchen, und gewerbliche Unternehmer. Erstere oder die consumtiven Nachfragenden sind quantitativ weniger wichtig, die gewerblichen Unternehmer entwickeln die Hauptnachfrage.

Eigenthümlich ist die Nachfrage des Staats und anderer öffentlichen Corporationen nach höheren Arbeitern, die Organe ihres Willens werden sollen. Hiedurch wird die Nachfrage nach gewissen Arbeitern gesteigert; es liegt aber gewöhnlich kein reines Vertragsverhältniss vor.

Die Stärke der Nachfrage der Unternehmer hängt ab von der Zahl der Unternehmer, von der Höhe der erwarteten Leistung und von der beabsichtigten resp. möglichen Ausdehnung der Production, auf welche die Menge des productive Anlage suchenden Kapitals und die Aussichten auf ein hohes Unternehmereinkommen also auch der erwartete Absatz grossen Einfluss haben.

Der sogenannte Lohnfond durchaus keine feste und gegebene Grösse. Die Löhne aus dem Privatkapital der Unternehmer vorgeschossen, nur bei Ausfall des erwarteten Geschäftertrags aus dem Kapital gezahlt.

Das Angebot hängt ab von der Zahl Derjenigen, die Lohnarbeit suchen wollen und müssen, und von ihrer Neigung viel zu arbeiten.

Die Zahl der Lohnarbeiter abhängig von der Gesammtbevölkerung (s. I § 6) und von der Zahl der Kapitalisten und Unternehmer. (Wachsthum des Proletariats) — zugleich von der Gesetzgebung über Frauen- und Kinderarbeit und der Lehrlingsgesetzgebung.

Eine nothwendige Minimalgrenze des Lohns existirt nur, wo keine irrationelle Armenpflege existirt. Dieselbe wird bestimmt durch das Minimum an Gütern, das zur Erhaltung des Lebens des Arbeiters erforderlich ist. Was das mögliche Maximum des Lohns betrifft, so nähert sich der durchschnittliche Arbeitslohn dem durchschnittlichen Einkommen eines selbstständigen Bewohners des Landes um so mehr, je mehr Zins und Unternehmereinkommen sinken.

Eine natürliche Höhe des durchschnittlichen Lohns lässt sich nicht aufstellen, und es lässt sich keine einfache letzte Ursache der Lohnhöhe angeben. Diese ist vielmehr noch in höherem Grade als andere Preise dem Wechsel und der Bewegung unterworfen.

Das sogen. eherne Lohngesetz (Ricardo, Rodbertus, Marx) widerspricht den Thatsachen und wird durch die Behauptung, der Lohn sei dem landesüblichen Unterhaltsminimum gleich, hinfällig; denn dann fragt es sich eben, wie hoch dieser landesübliche Satz ist, resp. ob und wie er steigt. Es ist selbstverständlich, dass das Einkommen des ungelernten Arbeiters das geringste sein muss, geringer als das ursprüngliche Einkommen aller andern (zugleich besitzenden oder gebildeten) Landesbewohner; wenn aber dieses relativ geringste Einkommen selbst wechseln resp. steigen kann, so ist seine Höhe nicht bestimmt, wenn man sagt, sie sei niedriger als die anderer Arten ursprünglichen Einkommens. Vergleich der Löhne zu verschiedenen Zeiten und an verschiedenen Orten unter Berücksichtigung des Unterschieds zwischen relativer und absoluter Lohnhöhe.

Das Thünen'sche Lohngesetz beruht auf unhaltbaren Abstractionen, der Satz, dass der Lohn im Fortschritt der Cultur immer steigen müsse, ist unwahr, insoferne als Angebot und Nachfrage keine blind waltenden Naturkräfte sind. Wahr ist nur, dass constantes Steigen der absoluten Lohnhöhe ohne gleichzeitigen Stillstand der Kapitalvermehrung günstig ist. Die Lohnhöhe eine Bedingung gesteigerter allgemeiner Theilnahme an den Früchten der Cultur. — Unterschied zwischen jungen und alten Ländern. — Bemerkung über nur scheinbares Steigen der Löhne durch sogenannte Geldentwerthung.

Wenn der einzelne Lohnarbeiter dem einzelnen Arbeitgeber gegenübersteht, so ist Letzterer gewöhnlich die stärkere Partei, weil die Arbeitgeber weniger zahlreich und intellectuell überlegen sind und warten können.

Steigerung der Macht der Arbeitgeber bei Grossbetrieb und concentrirtem Maschinenbesitz. Ausnahme von der Regel bei starker Nachfrage, Arbeiterreservearmee in gewöhnlichen Zeiten. — Speculations- und stille Zeiten.

Das Verhältniss kann sich aber zu Gunsten der Arbeiter ändern, wenn diese collectiv auftreten.

Dadurch eliminiren sie den Einfluss ihrer eigenen Concurrenz und können, wenn sie dauernde Vereine gründen, auch ihrerseits warten.

Da Angebot und Nachfrage die Resultanten menschlicher Willensacte sind, so wird durch Coalition das Angebot entschieden beeinflusst. — Geschichte der Coalitionsgesetzgebung und der Gewerkvereine in England und

Deutschland. Gewerkvereine sind Arbeiter-Interessen-Vertretungsvereine innerhalb des Gesetzes. Es ist natürlich dass sie zugleich Hilfskassen und dadurch wirklich „Arbeitergilden" werden.

Als Interessenvertretungsvereine streben sie danach, die Ehre und Würde des Standes aufrecht zu erhalten, den Lohn hoch, die Arbeitszeit niedrig zu machen; nebenbei streben sie nach richtiger örtlicher Vertheilung der Arbeiter, nach Einschränkung der Stückarbeit, Abweisung ungelernter Arbeiter etc. In all diesen Bestrebungen sind vielfach Uebertreibungen und Excesse vorgekommen, sie sind aber an sich gesetzlich und in gewissem Masse natürlich. Arbeitseinstellungen sind eine unentbehrliche Waffe, wenn auch mit allgemeinem Verlust verbunden. Vorsicht nöthig. Verminderung der Strikes durch gutorganisirte Gewerkvereine. Die Arbeitseinstellung wirksam durch ihre Möglichkeit. Die allmälige Herabsetzung der Arbeitszeit, namentlich in der Maschinenindustrie, bei steigendem Kapitalreichthum möglich. Herabsetzung der Arbeitszeit in richtigen Grenzen nicht mit Verminderung der Leistung verbunden. Die Herabsetzung der Arbeitszeit soll nur allmälig stattfinden und kann durch Gesetze unterstützt werden. Hand in Hand damit müssen Bestrebungen gehen, welche die technische und allgemeine (auch moralische) Bildung der Arbeiter heben, damit die gewerblichen Leistungen steigen und die freie Zeit gut benutzt werde. Vorübergehende Verminderungen der Arbeitszeit, in Speculationszeit durchgesetzt, vom Uebel.

Gesetzliche Arbeiter-Interessen-Vertretungsvereine Gegenmittel gegen politische Agitationsvereine, zugleich der praktische Gegenbeweis gegen die Forderung des sogenannten Rechtes auf Arbeit. Die deutschen Gewerkvereine noch vielfach mit politischen Bestrebungen vermengt, den Englischen noch nicht ebenbürtig. — Verschiedene Arten Deutscher Gewerkvereine und Gewerkschaften. — Französische Arbeiter-Syndicate.

Wenn den Arbeitervereinen Arbeitgebervereine gegenübertreten oder beide Parteien von vornherein sich zu einem Verein verbinden, so kann in den einzelnen Vereinen der nach Massgabe von Vereinstatuten geschlossene Collectivvertrag zur Bestimmung der Lohnhöhe und aller sonstigen Bedingungen des Lohnverhältnisses immer mehr an Stelle des individuellen Vertrags treten.

So können Organisationen zur Vertretung ständischer Sonderinteressen der Ausgangspunkt neuer gewerblichen Ordnungen werden, in denen Sitte und Gemeinsinn den Kampf der Interessen einschränken, und welche die gesammten gewerblichen Verhältnisse stätiger und sicherer machen.

Schiedsgerichte, Einigungsämter, Arbeitskammern. Neue Innungen. Beim Arbeitslohn zeigt sich besonders deutlich der schon bei der Preislehre berührte Gegensatz zwischen Collectiv- und Individualvertrag, gesellschaftlicher und atomistischer Wirthschaft. Der Interessenkampf der Individuen wird von selbst zum Klassenkampf. Aus letzterem, als dem organisirten Kampf müssen, wenn der Interessenkampf die Kräfte nicht schliesslich mehr aufreiben als stärken soll, Organisationen des socialen Friedens hervorgehen. Diesen kann der Staat als höchste rechtliche Einheit der Menschen nicht ferne bleiben. Die ganze Bewegung ist noch sehr jung, und es sind aus ihr selbstverständlich viele verfehlte Schritte hervorgegangen. Dennoch haben wir hier den Anfang neuer Ordnungen, der sich nach Zertrümmerung der alten entwickelt, und der nicht unterdrückt werden darf, sondern in die rechten Bahnen geleitet werden muss. Es handelt sich darum, diese Bestrebungen von politischer Wühlerei absolut zu trennen, und die Bildung von Organisationen zu befördern, welche die Angehörigen desselben Gewerbes umfassen und die Angelegenheiten des Gewerbes im allgemeinen Interesse ordnen. Im Gegensatz zu älteren Zeiten können diese neuen Organisationen nicht mehr principiell local begrenzt sein. Der Eintritt in dieselben muss frei sein. Natürlicher Zusammenhang solcher Vereinigungen mit den Wählerschaften für die Mitglieder gewerblicher Gerichte. Wichtiger indirecter Einfluss der Gesetzgebung über Gewerbegerichte und Hilfskassen. Hilfskassen, Gewerkvereine und Genossenschaften die drei grossen Organisationsformen der modernen socialen Selbsthilfe. Für alle drei Normativbedingungen, sowie ein (zugleich controllirendes) Registeramt nöthig. Die factische Einschränkung der gewerblichen Anarchie durch solche Gebilde ungleich wichtiger als gesetzliche Modificationen des Sondereigenthums.

§ 6. Schluss.

Alle Stände haben das gemeinsame Interesse, durch ihre Leistungen das Gesammteinkommen zu steigern, zugleich aber haben alle Stände und Individuen das Sonderinteresse, ihrerseits einen möglichst grossen Antheil am Gesammteinkommen zu erzielen.

Harmonische und streitende Interessen.

Verschiedenheit der Vertheilung des Gesammteinkommens unter die drei Haupteinkommenszweige bei alten und jungen, vorwärts und rückwärts gehenden Völkern. Ein allgemeines Gesetz, wie z. B., dass der Lohn stets gleich bleibe, das Einkommen von Besitz und hier wieder das von Grundbesitz am meisten steige, oder dass alle Einkommenszweige absolut, der Lohn auch relativ steigen müsse, lässt sich selbst für vorwärts schreitende, in Reichthum wachsende Völker nicht nachweisen, da die verschiedene Vertheilung des Privatkapitals und die Rechtsordnung des Staats etc. zu grosse Verschiedenheiten bewirken.

Die Statistik der Einkommensvertheilung leider sehr mangelhaft. — Beispiele.

Verschiedenheit des individuellen Einkommens ist vom Standpunkt des allgemeinen Interesses wünschenswerth. Aber es ist sehr gefährlich, wenn die Gesellschaft in wenige sehr Reiche und viele ganz Arme zerfällt. Zu gesunden Verhältnissen gehört: 1) dass auch die unterste Schicht ökonomisch selbstständiger Unterthanen

(d. h. die gewöhnlichen Lohnarbeiter) ein Einkommen hat, das ihren nothwendigen Unterhalt sichert, die Theilnahme an höheren Culturgenüssen und das Ansammeln von Privatkapital ermöglicht;

2) dass die Mittelstufen zwischen dieser untersten Schicht und dem höchsten Reichthum möglichst stark vertreten sind;

Wichtigkeit der Contraste für die individuelle Glücksempfindung. — Die Mittelstufen ermöglichen gegenseitiges Verständniss der verschiedenen Klassen.

Die grossen individuellen Reichthümer sind wirthschaftlich für die Gesammtheit namentlich dadurch von Werth, dass sie die Ansammlung neuer Kapitalien befördern. Sie sind daher keineswegs zu verwerfen, aber sie dürfen nicht mit Elend der untersten Klassen und Aussterben der Mittelklassen verbunden sein, da von der guten Lage der letzteren Klassen das leibliche, geistige und moralische Wohl der Majorität der Menschen abhängt.

3) Dass das Aufsteigen in höhere Einkommenstufen resp. sociale Stände leicht ist, und

4) dass die einmal errungene Höhe des Einkommens nicht leicht unverschuldet wieder verloren gehen kann.

Ein solcher gesunder Zustand wird nicht durch das möglichst ungebundene Spiel egoistischer Interessen erreicht, sondern nur dadurch dass zugleich die Anforderungen des Gemeinsinns in den anerzogenen Anschauungen der Einzelnen, in den Organisationen freier collectiver Selbsthilfe und den Institutionen des Staats zur Geltung kommen.

Eine gesunde Vertheilung des Einkommens ist noch wichtiger als ein möglichst grosses Gesammteinkommen. Denn da der wirthschaftliche Reichthum nur ein Mittel zur Erreichung höherer menschlichen Zwecke sein darf, so kommt es mehr auf seine Verwendung als auf seine Grösse an, und seine Verwendung hängt wesentlich von seiner Vertheilung ab).

Eine „aristokratische Gliederung der Gesellschaft" durchaus wünschenswerth ja nöthig, aber eben eine wirkliche Gliederung, keine Spaltung der Gesellschaft in schroffe Gegensätze. Keine höher stehende Klasse darf rechtlich oder factisch abgeschlossen sein, jede muss eigenthümliche höhere Pflichten gegenüber der Gesammtheit anerkennen und eben dadurch ihre Stellung zu erhalten suchen (s. I. § 3). Wüsten Gleichheitsgelüsten der Armen und rücksichtsloser Freiheitslust d. h. kurzsichtig egoistischer Herrschafts-Begierde der Reichen gegenüber verlangen wir die Unterordnung Aller unter die gleichen sittlichen Ideale.

Inhalt.

	Seite
I. Abschnitt. Einleitung.	
§ 1. Bedürfnisse	7
§ 2. Güter	8
§ 3. Wirthschaft	9
§ 4. Wirthschaftslehre	10
§ 5. Vermögensrechte	11
§ 6. Bevölkerungslehre	15
§ 7. Geschichte der Nationalökonomie	16
II. Abschnitt. Lehre von der Production.	
§ 1. Begriff des Producirens	27
§ 2. Die freien Güter	28
§ 3. Die productiven Kräfte	28
§ 4. Arbeitstheilung	29
§ 5. Die Productionsarten	30
§ 6. Kapital	33
§ 7. Entstehung und Vermehrung des Kapitals	37
§ 8. Einige besondere Fragen betreffs des Kapitals	39
III. Abschnitt. Lehre vom Verkehr.	
§ 1. Verkehr und Transport	40
§ 2. Werth und Preis	41
§ 3. Preisbestimmungsgründe	44
§ 4. Concurrenz und Monopol	47
§ 5. Gesammtresultat der Preisbestimmungsgründe	49
§ 6. Bedeutung der Preise in der Gegenwart	52
§ 7. Krisen	53
§ 8. Geld	55
§ 9. Gold und Silber als Geld	55
§ 10. Münzpolitik des Staats	58
§ 11. Währungsfrage	59
§ 12. Credit	61
§ 13. Formen der Creditgeschäfte	62
§ 14. Creditanstalten und Banken	63
§ 15. Handelsbanken	65
§ 16. Hypotheken- und Effekten-Banken	66
§ 17. Anhang. Versicherungsbanken	67

IV. Abschnitt. Lehre von der Vertheilung.
- § 1. Einkommen 68
- § 2. Einkommensarten 72
- § 3. Unternehmereinkommen 76
- § 4. Zins 78
- § 5. Arbeitslohn 82
- § 6. Schluss 89

www.ingramcontent.com/pod-product-compliance
Lightning Source LLC
Chambersburg PA
CBHW020258090426
42735CB00009B/1134